많은 학부모들이 선택한
독해력 향상의
길잡이

공습국어 초등독해는 2008년 첫 선을 보인 이래로 많은 학부모와 학생들로부터 남다른 관심과 사랑을 받고 있습니다. 공습국어 초등독해가 이렇게 짧은 시간 안에 초등 독해력 학습을 대표하는 교재로서 자리를 잡을 수 있었던 것은 아이들이 부담 없이 재미있게 공부할 수 있도록 놀이와 학습 요소를 적절히 배치하여 독해력 향상을 위해 꼭 알아야 할 필수 학습 내용을 쉽게 익힐 수 있도록 구성했기 때문입니다.

그런데 단계별로 교재의 수가 적어 서너 달이 지나면 더 이상 단계에 맞는 독해력 학습을 지속할 수 없는 문제가 있었습니다. 그렇다고 다음 단계로 넘어가는 것도 학년 수준에 맞지 않아 몇 달 동안 이어온 학습 흐름이 끊어질 수밖에 없었습니다.

이번에 추가로 독해력 교재를 출간하게 된 것은 각 단계에 맞는 독해력 학습을 적어도 1년 정도는 꾸준히 진행할 수 있게 하기 위해서입니다. 이렇게 함으로써 다음 단계를 학습할 때까지의 기간을 최소화하거나 바로 다음 단계로 넘어가더라도 큰 어려움 없이 적응할 수 있을 것입니다.

심화 교재는 기본 교재와는 다른 문제 유형으로 코너를 구성하였습니다. 이는 같은 유형을 반복함으로써 오는 지루함을 없애고 문제 풀이 방법이 관성화되는 것을 막기 위해서입니다. 또한 기존 독해력 교재에서 다루지 않았던 유형을 다룸으로써 글을 읽고 분석하는 능력을 좀 더 심화시키기 위해서입니다.

새로 출간한 공습국어 초등독해는 그간 독해력 교재를 이용해 온 학부모와 학생들의 의견을 반영한 산물입니다. 물론 새로운 교재 구성이나 내용을 모든 학부모와 학생이 만족스러워 할 것이라고 생각하지는 않습니다. 주니어김영사는 교재에 대한 질책과 격려 모두를 소중히 받아 안을 것입니다. 항상 열린 자세로 최대한 교재를 효과적으로 이용할 수 있도록 도와드릴 것이며 아울러 더 좋은 교재로 다가가기 위해 노력하겠습니다.

감사합니다.

공습국어 초등독해 학습 전략

"
공습국어 초등독해는 다양한 갈래의
글감 읽기를 통해 정독 습관을 길러주는
독해력 훈련 프로그램으로, 글의 구조와 내용을
파악하는 효과적인 절차와 방법을 습득함으로써
잘못된 읽기 습관을 바로 잡고 독해에 대한
자신감을 심어줍니다.
"

기본과 심화의 연속된 독해 학습 과정

공습국어 초등독해는 전 과정이 학년에 따라 나누어져 있습니다. 크게 1·2학년, 3·4학년, 5·6학년
3개의 과정으로 이루어져 있습니다. 그리고 각 과정별로 기본 Ⅰ·Ⅱ·Ⅲ, 심화 Ⅰ·Ⅱ·Ⅲ 단계로 구성되어
있습니다.

과정	단계	
1 · 2학년	기본	Ⅰ, Ⅱ, Ⅲ 단계
	심화	Ⅰ, Ⅱ, Ⅲ 단계
3 · 4학년	기본	Ⅰ, Ⅱ, Ⅲ 단계
	심화	Ⅰ, Ⅱ, Ⅲ 단계
5 · 6학년	기본	Ⅰ, Ⅱ, Ⅲ 단계
	심화	Ⅰ, Ⅱ, Ⅲ 단계

기본 단계와 심화 단계는 서로 다른 구성과 학습 목표를 가지고 있습니다. 기본 단계는 낱말이 가지고
있는 기본적인 의미와 다른 낱말과 관계를 파악하는 단계입니다. 심화 단계는 유추와 연상 활동을
통해 낱말이 가지는 다양한 의미를 알고 정확하게 낱말을 읽고 쓰는 단계입니다.

기본 단계와 심화 단계는 서로 동떨어져 있는 것이 아니라 연속된 훈련 단계입니다. 따라서 공습국어
초등독해를 처음 시작하는 경우는 기본 단계부터 순서대로 학습하는 것이 학습 효과를 극대화할 수
있습니다.

물론 공습국어 초등독해 기본 단계로 학습한 경험이 있다면 각 과정의 심화 단계를 공부해도
괜찮습니다. 하지만 1·2학년 과정에서 기본 단계를 학습하고 현재 3학년이나 4학년이 되었다면 3·4학년
과정의 심화 단계보다는 3·4학년 과정의 기본 단계부터 시작하거나, 1·2학년 과정의 심화 단계를 한
다음 3·4학년 과정의 기본 단계로 넘어가는 것이 좋습니다.

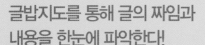

글밥지도를 통해 글의 짜임과
내용을 한눈에 파악한다!

공습국어
초등독해의 특징

 마인드맵을 이용한 독해력 훈련

공습국어 초등독해는 효과적인 학습 방법으로 주목을 받고 있는 마인드맵을 이용하여 글감의 짜임과 내용을 분석하고 정리하는 방법을 제시하고 있습니다. 글감의 중심 생각이나 소재를 가운데에 놓고 이로부터 생각의 가지를 뻗어나가면서 세부 주제와 관련된 내용을 정리하다 보면 어느새 글감의 전체 구조와 내용을 한눈에 파악할 수 있을 것입니다.

 국어 평가 방향에 맞춘 갈래별 문제 구성

글의 갈래는 크게 정서를 표현하는 글, 설득하는 글, 정보를 전달하는 글로 구분할 수 있습니다. 글은 갈래별로 표현하는 방식이나 목적이 다르기 때문에 글을 읽을 때 갈래별 특성에 맞게 읽어야 합니다. 초등 국어 교육 과정에서도 갈래별 특성에 맞는 글 읽기를 위해 글감의 갈래에 따른 평가 방향을 정하여 놓고 있는데, 공습국어 초등독해는 이러한 평가 방향에 맞추어 갈래별로 문제를 구성하였습니다.

 사실적 이해와 비판적 이해를 위한 전략 제시

사실적 이해와 비판적 이해는 글감의 내용을 입체적으로 파악하기 위해 거쳐야 할 필수 과정입니다. 따라서 공습국어 초등독해에서는 '글밥지도 그리기' 꼭지를 통해 글감의 사실적 이해를 다루었으며, '끄덕끄덕 공감하기'와 '요목조목 따져보기'를 통해 비판적, 추론적 이해를 다루었습니다. 사실적 이해 단계는 각 문단별 중심 내용과 글의 짜임, 그리고 글 전체를 간추리며 글의 중심 생각을 파악하는 것이라고 한다면, 비판적 이해 단계는 글쓴이의 의도를 이해하고 내용의 적절성에 대한 주관적, 객관적 판단을 하는 것이라고 볼 수 있습니다.

 재미있고 다양한 생활 밀착형 글감 구성

공습국어 초등독해는 설명하는 글이나 설득하는 글과 같이 독해를 위한 기본 글감 이외에도 일상생활에서 자주 보게 되는 광고문이나 기사문, 아이들이 직접 쓰는 일기, 보고문, 기록문, 감상문 등 여러 형식의 글감을 다양하게 싣고 있습니다. 이렇게 친숙한 소재와 형식의 글들은 독해에 대한 부담을 줄이고 재미있게 글을 읽을 수 있도록 도와줍니다.

마인드맵과 독해력

마인드맵은 영국의 언론인이자 교육심리학자인 토니 부잔(Tony Buzan)이라는 사람이 고안해낸 두뇌 계발 및 생각 정리의 기법입니다. 토니 부잔은 대학 시절 자신이 연구해야 할 분량이 점점 많아지자 이를 효과적으로 정리하고 기억할 수 있는 방법이 없는지 고민을 하게 됩니다. 이 당시 그가 방법을 찾기 위해 스스로에게 던진 질문을 보면 마인드맵이 어떤 유용한 역할을 수행할 수 있는지를 엿볼 수 있는데 몇 가지 질문의 예를 들자면 다음과 같은 것이 있었습니다.

- 어떻게 배울 것인가?
- 사고의 본질은 무엇인가?
- 기억에 가장 도움이 되는 학습 기법은 무엇인가?
- 독서에 가장 도움이 되는 방법은 무엇인가?
- 창조적 사고에 가장 효과적인 학습 방법은 무엇인가?

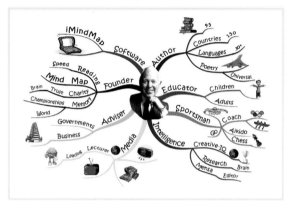

▲ 토니 부잔의 마인드맵 이미지

토니 부잔이 스스로에게 던진 질문 가운데 '독서에 가장 도움이 되는 방법은 무엇인가?'라는 것이 있습니다. 이는 책을 읽고 책의 내용을 정리하는 방법으로서 마인드맵의 역할을 이미 고려하고 있었다는 것을 알 수 있습니다. 실제로 그의 바람대로 마인드맵은 책의 내용을 분석하고 정리하는 데 가장 효과적인 수단이 되고 있습니다.

마인드맵은 학습 방법으로도 그 효과가 매우 뛰어나 실제로 많은 학생들이 공부한 내용을 정리하는데 적극적으로 활용하고 있습니다. 〈공부 9단 오기 10단〉의 저자로 잘 알려진 박원희나 미스코리아 출신으로 하버드에 합격한 금나나 등 공부 잘하는 사람들의 공부 방법을 들여다보면 마인드맵을 비중 있게 활용하고 있음을 쉽게 확인할 수 있습니다.

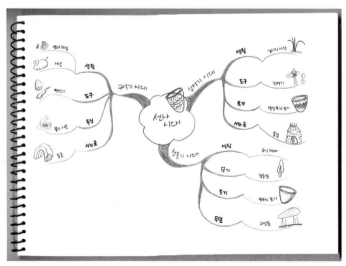

▲ 마인드맵으로 국사를 정리한 노트

마인드맵(Mind map)은 주제와 관련된 세부 내용들을 여러 갈래로 가지를 그려나가며 체계적으로 정리하는 것으로 학습 방법으로도 그 효과가 매우 뛰어나 실제로 많은 학생들이 공부한 내용을 정리하는데 적극적으로 활용하고 있습니다.

마인드맵을 그리는 방법은 토니 부잔의 마인드맵 이미지를 보면 알 수 있듯이 매우 간단합니다. 중심이 되는 주제나 생각을 가운데에 놓고 중심 생각과 관련 있는 주제들을 나뭇가지처럼 배열하면 됩니다. 만약 주제와 연관된 하위 주제나 생각이 있다면 상위 주제에 새로운 가지를 연결하여 내용을 적어주면 되는데 과장해서 표현하자면 생각의 가지는 새로운 주제나 내용이 있는 한 무한대로 연결할 수 있을 것입니다.

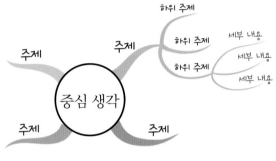
▲ 마인드맵을 그리는 기본적인 방법

그리고 마인드맵을 그릴 때 주제나 세부 내용과 관계된 도식이나 이미지를 첨부한다면 좀 더 풍부하고 재미있게 마인드맵을 꾸밀 수 있고 나중에 내용을 파악하는데도 많은 도움이 됩니다.

마인드맵의 가장 큰 장점은 세부적인 내용을 효과적으로 정리할 수 있는 것도 있지만 무엇보다도 전체적인 줄기를 파악할 수 있다는 것과 많은 내용 중 핵심적인 내용만 축약하여 한눈에 볼 수 있다는 것입니다.

이와 같은 장점은 앞에서도 언급했듯이 책의 내용을 분석하고 정리하는 데 매우 효과적입니다. 책에는 전달하고자 하는 주제가 있고, 이야기나 사건이 있으며, 그런 이야기나 사건을 구성하는 인물이나 배경, 그리고 다양한 정보들이 글의 구조와 인과 관계에 따라 촘촘히 배치되어 있습니다. 이렇게 많은 내용들을 종이 한 장에 정리해야 한다고 할 때 무엇을 어떻게 시작해야 할지 막막할 것입니다. 그러나 마인드맵을 그릴 수 있다면 짧은 시간 안에 핵심적인 내용들을 어렵지 않게 정리할 수 있습니다. 아래의 그림은 흥부와 놀부 이야기를 간단하게 마인드맵으로 정리해 본 것입니다. 글의 갈래마다 글의 내용을 파악하기 위한 기본적인 주제들이 있으므로 어떻게 주제를 잡아야 할지 모르겠다면 기본 주제들을 가지고 가지로 연결하면 누구나 쉽게 마인드맵을 그릴 수 있습니다.

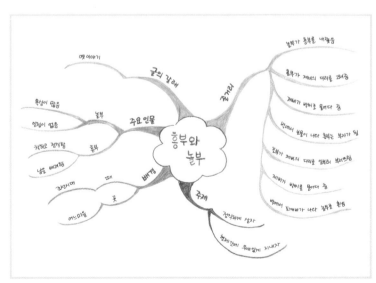
▲ 간단한 독서 마인드맵의 예

공습국어 초등독해는 마인드맵을 통한 독해 훈련 워크북이라고 불릴 수 있을 만큼 글감의 짜임과 내용을 파악하는 방법으로 마인드맵을 적극적으로 활용하고 있습니다. 이 교재를 마칠 때쯤이면 어떤 책을 보던지 빈 종이에 책의 내용을 마인드맵으로 쉽고 정확하게 정리해 낼 수 있을 것입니다.

교재 구성 한눈에 보기

제시문

'꼼꼼히 집중하여 읽기'의 가장 첫 번째 활동은 바로 오늘 읽어야 할 글을 읽는 것입니다. 제시문은 이야기 글, 전래 동요, 극본 등 정서를 표현하는 글과 설명하는 글, 광고하는 글 등의 정보를 전달하는 글, 주장하는 글, 부탁(제안)하는 글 등의 설득하는 글로 이루어져 있으며 소재 및 주제 또한 다양하게 구성되어 있습니다.

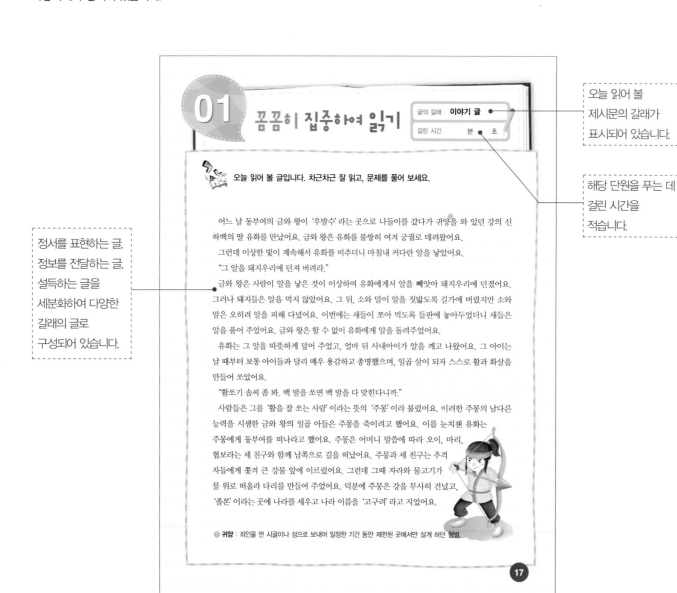

정서를 표현하는 글,
정보를 전달하는 글,
설득하는 글을
세분화하여 다양한
갈래의 글로
구성되어 있습니다.

오늘 읽어 볼
제시문의 갈래가
표시되어 있습니다.

해당 단원을 푸는 데
걸린 시간을
적습니다.

01 꼼꼼히 집중하여 읽기

| 글의 갈래 | 이야기 글 |
| 걸린 시간 | 분 초 |

오늘 읽어 볼 글입니다. 차근차근 잘 읽고, 문제를 풀어 보세요.

어느 날 동부여의 금와 왕이 '우발수'라는 곳으로 나들이를 갔다가 귀양을 와 있던 강의 신 하백의 딸 유화를 만났어요. 금와 왕은 유화를 불쌍히 여겨 궁궐로 데려왔어요.

그런데 이상한 빛이 계속해서 유화를 비추더니 마침내 커다란 알을 낳았어요.

"그 알을 돼지우리에 던져 버려라."

금와 왕은 사람이 알을 낳은 것이 이상하여 유화에게서 알을 빼앗아 돼지우리에 던졌어요. 그러나 돼지들은 알을 먹지 않았어요. 그 뒤, 소와 말이 알을 짓밟도록 길가에 버렸지만 소와 말은 오히려 알을 피해 다녔어요. 이번에는 새들이 쪼아 먹도록 들판에 놓아두었더니 새들은 알을 품어 주었어요. 금와 왕은 할 수 없이 유화에게 알을 돌려주었어요.

유화는 그 알을 따뜻하게 덮어 주었고, 얼마 뒤 사내아이가 알을 깨고 나왔어요. 그 아이는 날 때부터 보통 아이들과 달리 매우 용감하고 총명했으며, 일곱 살이 되자 스스로 활과 화살을 만들어 쏘았어요.

"활쏘기 솜씨 좀 봐. 백 발을 쏘면 백 발을 다 맞힌다니까."

사람들은 그를 '활을 잘 쏘는 사람'이라는 뜻의 '주몽'이라 불렀어요. 이러한 주몽의 남다른 능력을 시샘한 금와 왕의 일곱 아들은 주몽을 죽이려고 했어요. 이를 눈치챈 유화는 주몽에게 동부여를 떠나라고 했어요. 주몽은 어머니 말씀에 따라 오이, 마리, 협보라는 세 친구와 함께 남쪽으로 길을 떠났어요. 주몽과 세 친구는 추격자들에게 쫓겨 큰 강물 앞에 이르렀어요. 그런데 그때 자라와 물고기가 물 위로 떠올라 다리를 만들어 주었어요. 덕분에 주몽은 강을 무사히 건넜고, '졸본'이라는 곳에 나라를 세우고 나라 이름을 '고구려'라고 지었어요.

❶ 귀양 : 죄인을 먼 시골이나 섬으로 보내어 일정한 기간 동안 제한된 곳에서만 살게 하던 형벌.

17

공습국어 초등독해는 모두 30회 과정으로 구성되어 있습니다. 꼼꼼히 집중하여 읽기는 각 회별로 다양한 갈래 폭넓은 주제를 다룬 제시문과 앞에서 읽은 글의 내용을 마인드맵으로 그리며 정리하는 '글밥지도 그리기', 사실적 이해력과 비판적 이해력, 그리고 추론 능력을 향상시킬 수 있는 '끄덕끄덕 공감하기', '요목조목 따져보기'로 구성되어 있습니다.

글밥지도 그리기

앞에서 읽은 글의 내용 및 구조를 마인드맵으로 그려 보는 꼭지입니다. 핵심적인 단어와 문장을 정리해 본 다음, 글의 짜임, 문단, 순서, 구성을 살펴보고 글과 어울리는 제목을 찾아볼 수 있도록 구성되어 있습니다.

주제 찾기
글의 중심 소재나 주제, 인물 등을 보기에서 찾아봅니다. 주제 상자에는 주제를 찾는 데 힌트가 되는 이미지가 삽입되어 있어 보다 쉽게 문제를 해결할 수 있습니다.

글밥지도 채우기
글의 내용 중 핵심적인 단어나 문장을 보기에서 찾아봅니다.

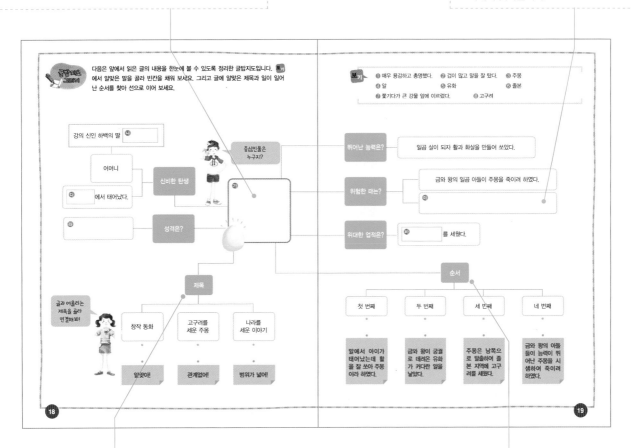

제목 찾기
글에 가장 알맞은 어울리는 제목을 찾아 선으로 연결해 봅니다. 글의 제목은 글쓴이의 중심 생각이 들어 있는 핵심적인 내용이므로 글과 제목 후보와의 관계에 대해 고민하는 사이에 사고력과 글의 핵심을 찾아내는 감각을 동시에 기를 수 있습니다.

구성 파악하기
글의 짜임과 구성, 사건의 순서, 문단과 문단의 관계 및 문단의 내용을 정리해 선으로 연결해 봅니다. 이 과정을 통해 글의 흐름이나 구성을 한눈에 파악할 수 있습니다.

끄덕끄덕 공감하기, 요목조목 따져보기

제시문을 읽고 글밥지도를 그리며 파악한 글의 내용과 주제에 대해 다시 한번 생각하고 정리해 봅니다. 제시문의 갈래가 정서를 표현하는 글일 경우에는 '끄덕끄덕 공감하기', 논리적인 글일 경우에는 '요목조목 따져보기' 꼭지를 활동해 봅니다.

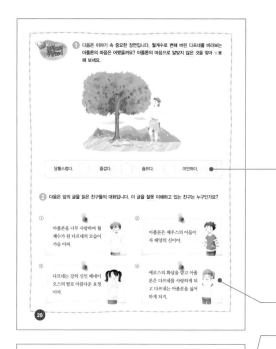

'끄덕끄덕 공감하기' 꼭지의 첫 번째 문항에서는 등장인물의 생각이나 느낌을 정리하거나, 그것에 대한 나의 의견이나 비슷한 경험에 대해 짧게 적습니다. 등장인물에 대해 공감하고, 이해한 다음 이것을 바탕 나의 생각 및 태도와 연결 지어 보며 공감적 이해력 및 창의력을 기를 수 있습니다.

끄덕끄덕 공감하기와 요목조목 따져보기 꼭지의 두 번째 문항은 모두 글을 읽고 바른 의견 또는 바르지 못한 의견을 낸 친구를 찾아내는 사지선다형 활동입니다. 이를 통해 앞서 읽은 글의 내용을 정리하며 비판적 이해력과 추론적 이해력을 향상시킬 수 있습니다.

'요목조목 따져보기' 꼭지의 첫 번째 문항에서는 앞에서 읽은 글의 구조와 내용을 확인하거나, 글쓴이의 주장과 근거를 따져 봅니다. 이를 통해 사실적 이해력을 넘어 비판적 사고력을 기를 수 있습니다.

공습국어 초등독해의 지문 구성 및 읽기 전략

"

공습국어 초등독해의 특징은 갈래별 글읽기입니다.
각 회에 수록된 제시문은 크게 정서를 표현하는 글과
논리적인 글로 나누어볼 수 있습니다.
공습국어 초등독해의 지문 구성과 이에 따른
갈래별 읽기 전략은 다음과 같습니다.

"

하나 공습국어 초등독해 지문 구성

공습국어 초등독해 지문은 크게 정서를 표현하는 글과 논리적인 글로 나뉘어 골고루 수록되어 있습니다. 1·2학년의
경우 두 갈래의 비중이 같고, 5·6학년의 경우 논리적인 글의 수가 더 많습니다.

정서를 표현하는 글				
이야기 글	읽기 · 편지	감상문	기행문	동요 · 동시 · 시조

논리적인 글				
설득하는 글		정보를 전달하는 글		
주장(설득)하는 글	부탁(제안)하는 글	설명하는 글	보고하는 글	광고하는 글

둘 갈래별 읽기 전략

공습국어 초등독해에서는 초등교육과정을 바탕으로 다음과 같이 갈래별 읽기 전략을 제시하고 활동을
구성하였습니다.

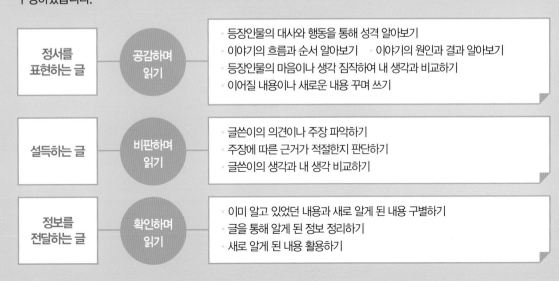

정서를 표현하는 글	공감하며 읽기	· 등장인물의 대사와 행동을 통해 성격 알아보기 · 이야기의 흐름과 순서 알아보기 · 이야기의 원인과 결과 알아보기 · 등장인물의 마음이나 생각 짐작하여 내 생각과 비교하기 · 이어질 내용이나 새로운 내용 꾸며 쓰기
설득하는 글	비판하며 읽기	· 글쓴이의 의견이나 주장 파악하기 · 주장에 따른 근거가 적절한지 판단하기 · 글쓴이의 생각과 내 생각 비교하기
정보를 전달하는 글	확인하며 읽기	· 이미 알고 있었던 내용과 새로 알게 된 내용 구별하기 · 글을 통해 알게 된 정보 정리하기 · 새로 알게 된 내용 활용하기

글밥지도 그리기는 이렇게 풀어요!

① 글밥지도를 그리기 전, 지시문을 꼼꼼하게 살펴보세요. 빈칸을 채워넣는 활동은 매회 반복되지만 제목과 글의 구조, 글의 흐름을 파악하는 활동은 회마다 조금씩 차이가 있기 때문에 지시문을 잘 살펴 보아야 합니다.

② 지시문을 이해한 다음엔 글밥지도의 중심이 될 단어를 찾습니다. 주제 상자 옆이나 위에 놓인 지시문을 잘 읽고 정답을 보기에서 찾아 써 봅니다. 이야기의 등장인물, 글의 중심 소재 및 주제, 시의 화자나 지은이가 주로 글밥지도의 중심에 놓이게 됩니다. 이때 주제 상자에 그려진 이미지가 정답의 힌트가 되니 참고하세요.

④ 글밥지도의 모든 빈칸을 채웠다면, 다음으로 글에 어울리는 제목을 찾아 선으로 연결해 봅니다.

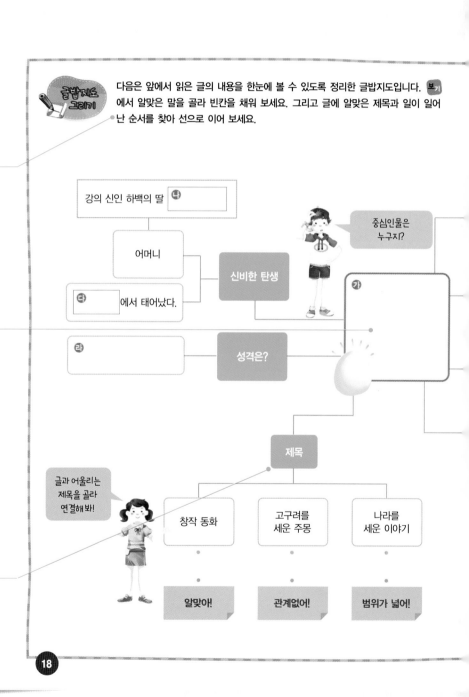

다음은 앞에서 읽은 글의 내용을 한눈에 볼 수 있도록 정리한 글밥지도입니다. 보기 에서 알맞은 말을 골라 빈칸을 채워 보세요. 그리고 글에 알맞은 제목과 일이 일어 난 순서를 찾아 선으로 이어 보세요.

강의 신인 하백의 딸 ㉯

어머니

㉰ 에서 태어났다.

신비한 탄생

중심인물은 누구지?

㉮

㉭

성격은?

제목

글과 어울리는 제목을 골라 연결해 봐!

창작 동화

고구려를 세운 주몽

나라를 세운 이야기

알맞아!

관계없어!

범위가 넓어!

'글밥지도 그리기'는 오늘 읽은 제시문을 마인드맵 형식의 글밥지도로 표현해 보는 활동입니다. 가장 핵심적이었던 단어, 인물을 주제로 삼아 마인드맵의 형식으로 글의 내용을 체계적으로 정리해 본 다음, 글의 제목과 짜임에 대해 생각해 봅니다. 글밥지도에는 제시문에서 다루어진 중요한 내용을 확인하는 4~8개의 빈칸과 제목 찾기, 문단 내용 찾기 등 1~2가지의 선 긋기 활동이 있습니다.

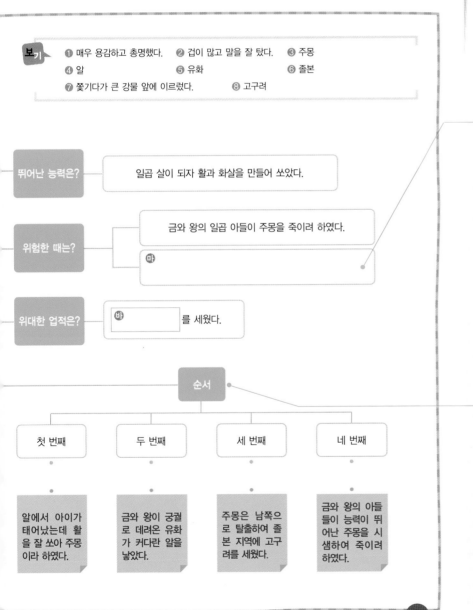

보기

❶ 매우 용감하고 총명했다.   ❷ 겁이 많고 말을 잘 탔다.   ❸ 주몽
❹ 알   ❺ 유화   ❻ 졸본
❼ 쫓기다가 큰 강물 앞에 이르렀다.   ❽ 고구려

뛰어난 능력은? ─ 일곱 살이 되자 활과 화살을 만들어 쏘았다.

위험한 때는? ─ 금와 왕의 일곱 아들이 주몽을 죽이려 하였다.
 　　　　　　 ㉮

위대한 업적은? ─ ㉯ 를 세웠다.

순서

| 첫 번째 | 두 번째 | 세 번째 | 네 번째 |
| 알에서 아이가 태어났는데 활을 잘 쏘아 주몽이라 하였다. | 금와 왕이 궁궐로 데려온 유화가 커다란 알을 낳았다. | 주몽은 남쪽으로 탈출하여 졸본 지역에 고구려를 세웠다. | 금와 왕의 아들들이 능력이 뛰어난 주몽을 시샘하여 죽이려 하였다. |

❸ 글밥지도의 중심 단어를 찾았다면, 다음으로 글의 주요 내용들을 살펴봅니다. 글의 내용을 정리한 글밥지도의 가지에 놓인 ㉮~㉯의 빈칸을 보기에서 알맞은 단어를 골라 채웁니다. 이때 반드시 ㉮~㉯의 순서대로 빈칸을 채워야 하며, 될 수 있으면 번호와 단어 또는 문장을 모두 적는 것이 좋습니다. 정답 상자의 공간이 부족하다면 번호만 적도록 합니다. 빈칸에 들어갈 말이 헷갈릴 경우에는 같은 가지에 놓인 다른 단어나 문장을 참고하면 보다 쉽게 해결할 수 있습니다.

❺ 글의 흐름이나, 구성, 글의 짜임을 확인하여 선으로 연결해 봅니다.
문학적인 글에서는 사건의 순서와 발단 ─전개 ─ (위기) ─ 절정 ─ 결말의 이야기의 구성을 주로 살펴보고, 논리적인 글에서는 처음 ─ 가운데 ─ 끝의 글의 구조나 문단의 내용을 주로 따져봅니다. 필요하다면 제시문을 다시 한번 읽어보며 풀이해도 좋습니다.

끄덕끄덕 공감하기, 요목조목 따져보기는 이렇게 풀어요!

끄덕끄덕 공감하기 활동 보기

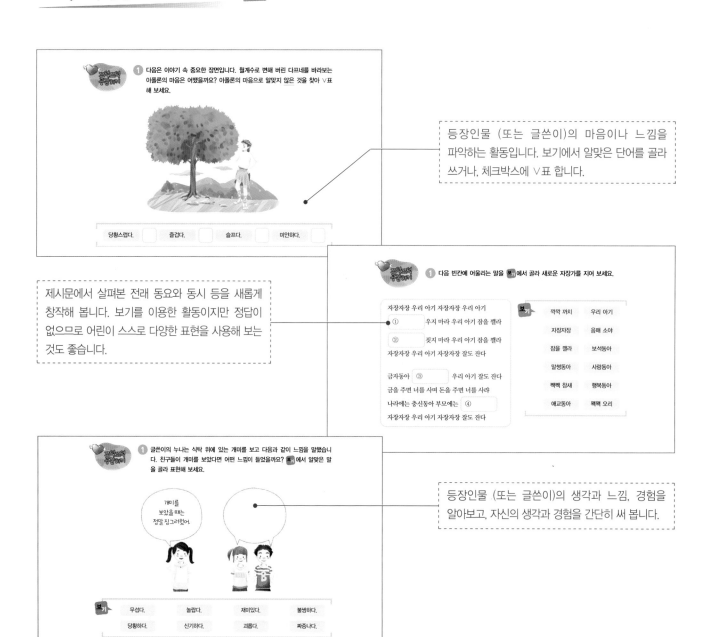

등장인물 (또는 글쓴이)의 마음이나 느낌을 파악하는 활동입니다. 보기에서 알맞은 단어를 골라 쓰거나, 체크박스에 ∨표 합니다.

제시문에서 살펴본 전래 동요와 동시 등을 새롭게 창작해 봅니다. 보기를 이용한 활동이지만 정답이 없으므로 어린이 스스로 다양한 표현을 사용해 보는 것도 좋습니다.

등장인물 (또는 글쓴이)의 생각과 느낌, 경험을 알아보고, 자신의 생각과 경험을 간단히 써 봅니다.

정서를 표현하는 글에 해당하는 제시문을 읽은 다음에는 '끄덕끄덕 공감하기' 꼭지를, 논리적인 글에 해당하는 제시문을 읽은 다음에는 '요목조목 따져보기'꼭지를 공부합니다. 앞의 두 꼭지는 각각 2가지 활동으로 구성되어 있습니다. '끄덕끄덕 공감하기'의 경우 등장인물들의 성격이나 느낌 파악하기, 등장인물의 입장이 되어 생각해 보기, 새롭게 창작하기 등의 활동이 주를 이루며, '요목조목 따져보기'의 경우 글의 구조 정리하기, 요약하기, 글쓴이의 주장과 근거 따져보기, 글을 통해 알게 된 정보 활용하기 등의 활동으로 구성되어 있습니다.

요목조목 따져보기 활동 보기

주장하는 글을 읽은 후, 글쓴이가 제기한 문제 상황과 주장 그리고 알맞은 근거를 정리해 보는 활동입니다. 주장을 뒷받침하는 또는 뒷받침하지 못하는 근거를 찾아 체크박스에 ○표 또는 ∨표를 합니다.

1 다음은 글쓴이가 제기한 문제와 주장을 정리한 것입니다. 그 주장을 뒷받침해 줄 수 있는 까닭으로 알맞은 것을 골라 ○표 해 보세요.

문제 제기	정보화 시대를 살아갈 어린이들에게 책 읽기는 점점 더 중요해지고 있으나 책 읽는 시간이 점점 줄어들고 있다.
주장	책을 많이 읽자.
까닭	① 책 읽기는 언어를 발달시킨다.
	② 책 읽기는 폭넓고 깊이 있는 삶을 간접적으로 체험할 수 있게 해 준다.
	③ 책 읽기는 인터넷이나 텔레비전 프로그램보다 흥미가 떨어진다.
	④ 책 읽기를 통해 사고력을 키울 수 있다.

1 다음은 글쓴이가 자신이 쓴 글을 표로 정리한 것입니다. 잘못된 부분을 찾아 ∨표 해 보세요.

견학 제목	□□ 출판사를 다녀와서	견학한 때	20○○년 ○○월 ○○일
견학 장소	□□ 출판사		
견학 목적	① 여러 가지 책을 보기 위해서		
견학 기록	② 1층 회의실 – 기획 회의를 하고 있는 선생님들		
	③ 2층 디자인실 – 디자인 작업 중인 북 디자이너들		
	④ 1층 편집실 – 교정지를 확인하는 작가들		
첫인상	작고 아늑한 도서관 같았다.		
생각이나 느낌	뿌듯했고 나도 아빠처럼 책 만드는 일을 하고 싶다.		

설명하는 글이나 소개하는 글을 읽은 다음 글에 담긴 정보를 확인합니다. 글에서 다루고 있는 정보들을 정리하고 자신이 알고 있었던 정보와 몰랐던 정보를 정리할 수 있습니다. 지시문에 따라 ○표 또는 ∨표 합니다.

공통 활동 보기

제시문을 바르게 이해한 사람 또는 바르지 않게 이해한 사람을 고르는 활동입니다. 사실적 이해력, 비판적 이해력을 측정할 수 있으며 보기를 읽어 본 후 지시문에 따라 정답 번호를 적습니다.

2 다음은 앞의 글을 읽은 친구들의 대화입니다. 이 글을 잘못 이해하고 있는 친구는 누구인가요?

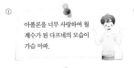
① 아폴론을 너무 사랑하여 월계수가 된 다프네의 모습이 가슴 아파.

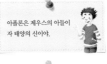
② 아폴론은 제우스의 아들이자 태양의 신이야.

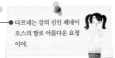
③ 다프네는 강의 신인 페네이오스의 딸로 아름다운 요정이야.

④ 에로스의 화살을 맞고 아폴론은 다프네를 사랑하게 되고 다프네는 아폴론을 싫어하게 되지.

꾸준함이 독해력을 키우는
가장 좋은 방법입니다!

공습국어
초등독해의 활용

하나　처음 일주일 정도는 아이와 함께 하세요

공습국어 초등독해의 코너 구성과 문제 유형을 아이가 이해할 수 있도록 일주일 정도는 아이와 함께
문제를 풀어보세요. 각각의 문제 유형을 설명해주고, 채점을 통해 아이에게 미진한 부분이 있으면 다시
설명해주면서 아이가 혼자서도 충분히 문제를 해결할 수 있도록 도와주세요.

둘　꾸준히 학습할 수 있는 환경을 만들어 주세요

매일 1회분씩 학습 진도를 나가는 것이 가장 이상적이긴 하지만 현실적으로 불가능한 경우가 많습니다.
따라서 매일이 아니더라도 꾸준히 교재를 볼 수 있도록 학습 스케줄을 잡아 주세요. 이때 부모님이
일방적으로 결정하지 마시고 아이와 충분히 상의하여 가능한 아이의 의견이 반영되도록 해주세요.
그래야만이 학습 과정에 대한 아이의 주체적 참여를 유도할 수 있습니다.

셋　기본 단계부터 순서대로 학습할 수 있도록 해 주세요

공습국어 초등독해 심화 단계는 문제 유형이나 내용이 기본 단계에 비해 다소 복잡하거나 어렵습니다.
따라서 독해력 학습을 처음 시작하는 경우라면 기본 단계부터 순서대로 교재를 보는 것이 좋습니다. 물론
이전에 독해력 교재를 보았거나 국어 실력이 상위권이라면 심화 단계부터 시작해도 괜찮습니다.

넷　문제 풀이에 걸리는 적정한 시간은 10분 내외입니다

공습국어 초등독해 1회분에 해당하는 문제를 푸는 데 걸리는 시간은 대략 10분 정도면 충분합니다. 하지만
교재의 문제 유형이 익숙하지 않은 초반에는 이보다 시간이 더 걸릴 수도 있습니다. 따라서 일정 기간
동안은 문제 풀이 시간에 구애 받지 않고 아이가 편하게 문제를 풀면서 교재에 적응할 수 있도록 배려해
주세요.

차례
Contents

" "

공습국어를 시작하며

이제 본격적인 독해력 공부를 시작하게 돼요.

크게 숨을 한 번 내쉬면서 마음을 가다듬어 보세요.

책을 끝까지 볼 수 있을까? 문제가 어렵지는 않을까? 하는 걱정이

들기도 하겠지만 막상 시작해보면 괜한 걱정이었다 싶을 거예요.

한 번에 밥을 많이 먹으면 탈이 날 수 있는 것처럼

하루에 1회씩만 꾸준히 풀어 보세요.

그러다 보면 어느새 독해력이 무럭무럭 자라나

있는 걸 볼 수 있을 거예요.

자 그럼 이제 출발해 볼까요?

" "

오늘 읽어 볼 글입니다. 차근차근 잘 읽고, 문제를 풀어 보세요.

어느 날 동부여의 금와 왕이 '우발수' 라는 곳으로 나들이를 갔다가 귀양을 와 있던 강의 신 하백의 딸 유화를 만났어요. 금와 왕은 유화를 불쌍히 여겨 궁궐로 데려왔어요.

그런데 이상한 빛이 계속해서 유화를 비추더니 마침내 커다란 알을 낳았어요.

"그 알을 돼지우리에 던져 버려라."

금와 왕은 사람이 알을 낳은 것이 이상하여 유화에게서 알을 빼앗아 돼지우리에 던졌어요. 그러나 돼지들은 알을 먹지 않았어요. 그 뒤, 소와 말이 알을 짓밟도록 길가에 버렸지만 소와 말은 오히려 알을 피해 다녔어요. 이번에는 새들이 쪼아 먹도록 들판에 놓아두었더니 새들은 알을 품어 주었어요. 금와 왕은 할 수 없이 유화에게 알을 돌려주었어요.

유화는 그 알을 따뜻하게 덮어 주었고, 얼마 뒤 사내아이가 알을 깨고 나왔어요. 그 아이는 날 때부터 보통 아이들과 달리 매우 용감하고 총명했으며, 일곱 살이 되자 스스로 활과 화살을 만들어 쏘았어요.

"활쏘기 솜씨 좀 봐. 백 발을 쏘면 백 발을 다 맞힌다니까."

사람들은 그를 '활을 잘 쏘는 사람' 이라는 뜻의 '주몽' 이라 불렀어요. 이러한 주몽의 남다른 능력을 시샘한 금와 왕의 일곱 아들은 주몽을 죽이려고 했어요. 이를 눈치챈 유화는 주몽에게 동부여를 떠나라고 했어요. 주몽은 어머니 말씀에 따라 오이, 마리, 협보라는 세 친구와 함께 남쪽으로 길을 떠났어요. 주몽과 세 친구는 추격 자들에게 쫓겨 큰 강물 앞에 이르렀어요. 그런데 그때 자라와 물고기가 물 위로 떠올라 다리를 만들어 주었어요. 덕분에 주몽은 강을 무사히 건넜고, '졸본' 이라는 곳에 나라를 세우고 나라 이름을 '고구려' 라고 지었어요.

❶ **귀양** : 죄인을 먼 시골이나 섬으로 보내어 일정한 기간 동안 제한된 곳에서만 살게 하던 형벌.

다음은 앞에서 읽은 글의 내용을 한눈에 볼 수 있도록 정리한 글밥지도입니다. 보기
에서 알맞은 말을 골라 빈칸을 채워 보세요. 그리고 글에 알맞은 제목과 일이 일어
난 순서를 찾아 선으로 이어 보세요.

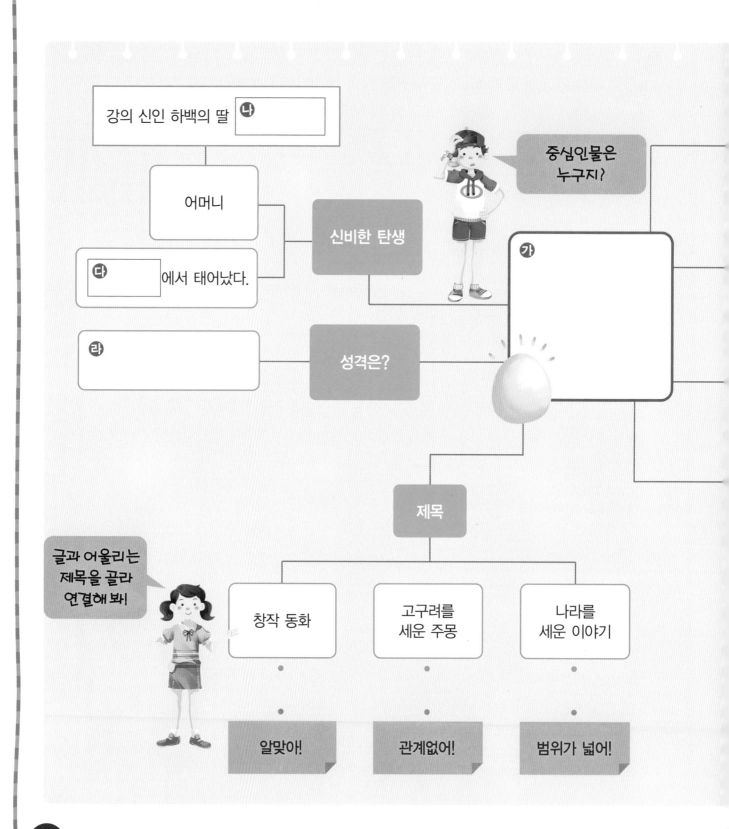

강의 신인 하백의 딸 ❸

어머니

신비한 탄생

중심인물은
누구지?

❹   에서 태어났다.

❺

성격은?

㉮

제목

글과 어울리는
제목을 골라
연결해 봐!

창작 동화

고구려를
세운 주몽

나라를
세운 이야기

알맞아!

관계없어!

범위가 넓어!

보기

❶ 매우 용감하고 총명했다.　❷ 겁이 많고 말을 잘 탔다.　❸ 주몽

❹ 알　❺ 유화　❻ 졸본

❼ 쫓기다가 큰 강물 앞에 이르렀다.　❽ 고구려

뛰어난 능력은? ── 일곱 살이 되자 활과 화살을 만들어 쏘았다.

위험한 때는? ── 금와 왕의 일곱 아들이 주몽을 죽이려 하였다.

㉮

위대한 업적은? ── ㉯ 를 세웠다.

순서

| 첫 번째 | 두 번째 | 세 번째 | 네 번째 |

| 알에서 아이가 태어났는데 활을 잘 쏘아 주몽이라 하였다. | 금와 왕이 궁궐로 데려온 유화가 커다란 알을 낳았다. | 주몽은 남쪽으로 탈출하여 졸본 지역에 고구려를 세웠다. | 금와 왕의 아들들이 능력이 뛰어난 주몽을 시샘하여 죽이려 하였다. |

1 다음은 이야기 속 등장인물들입니다. 주몽을 도와주는 인물 또는 동물을 모두 골라 ○표 해 주세요.

| 금와 왕의 일곱 아들 | 오이 | 유화 |

| 자라와 물고기 | 마리 | 협보 |

2 다음은 앞의 글을 읽은 친구들의 대화입니다. 이 글을 <u>잘못</u> 이해하고 있는 친구는 누구인가요?

① 이 글을 읽으면 고구려가 어떻게 세워졌는지 알 수 있어.

② 새들이 보호해 주고 자라와 물고기가 도와주는 걸 보면 주몽은 역시 하늘이 낸 인물인 것 같아.

③ 유화의 아버지인 강의 신 하백은 주몽의 외할아버지야.

④ 주몽은 알에서 태어나 어려움을 극복하고 결국 '신라'라는 나라를 세워.

 오늘 읽어 볼 글입니다. 차근차근 잘 읽고, 문제를 풀어 보세요.

　내가 살고 있는 이충동은 예로부터 질 좋은 쌀과 과일로 유명한 경기도 평택시에 위치하고 있습니다.

　이충동은 조광조와 오달제라는 '조선 시대의 두 충신이 태어난 곳'이라는 뜻에서 붙여진 이름입니다. 이충동에는 조광조의 호를 딴 '정암 마을'과 오달제의 호를 딴 '추담 마을'이 있습니다.

　여러분은 조광조와 오달제가 어떤 인물인지 아시나요? 조광조는 조선 시대 중종 때 정권을 잡고 있던 세력에 맞서서 새로운 정치를 펼치다 서른일곱 살에 처형당한 학자입니다. 오달제는 병자호란이 일어났을 때, 남한산성에 들어가 청나라와 끝까지 싸워야 한다고 주장한 학자로, 이듬해 인조 임금이 항복을 하자 청나라로 끌려갔습니다. 그리고 모진 고문과 회유에 저항하다가 처형당했습니다.

　이충동에는 '충의각'이라는 유적지가 있습니다. 충의각은 앞에서 소개한 두 충신, 조광조와 오달제의 충절을 기리기 위해 지은 집으로, 그 안에는 유허비가 세워져 있습니다. 이 유허비는 순조 1년에 세워져 오랫동안 '오학사 비'라고 불렀습니다.

　이 글을 읽은 친구들도 평택시 이충동에 한번 놀러 오세요. 충의각도 보고 옛 충신들의 마음도 느껴 볼 수 있습니다.

❶ **회유** : 어루만져 잘 달램

❷ **유허비** : 선인들의 자취가 남아 있는 곳에 그들을 기리기 위하여 세운 비

다음은 앞에서 읽은 글의 내용을 한눈에 볼 수 있도록 정리한 글밥지도입니다. 보기 에서 알맞은 말을 골라 빈칸을 채워 보세요. 그리고 글에 알맞은 제목과 문단의 내용을 찾아 선으로 이어 보세요.

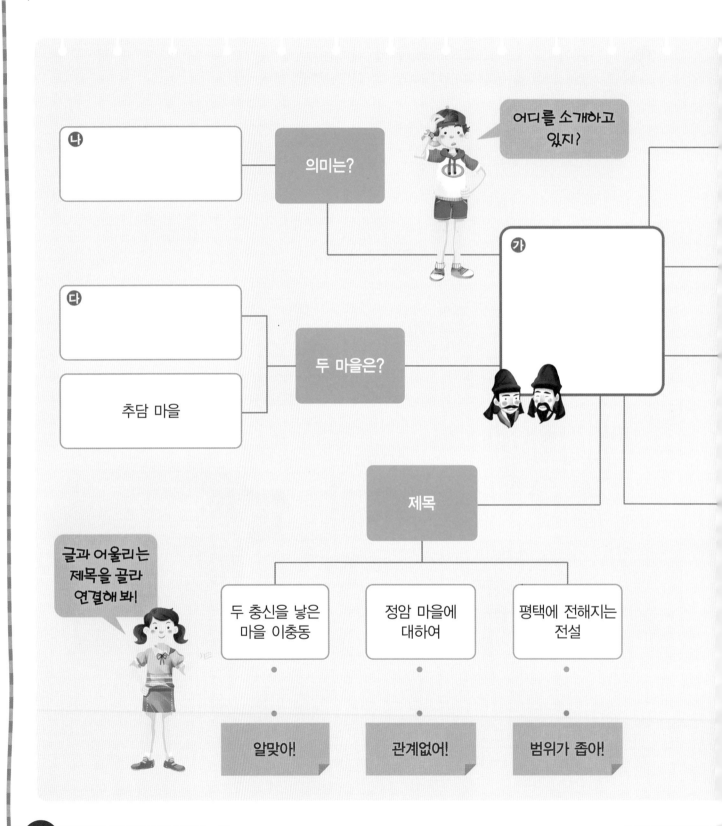

나

의미는?

어디를 소개하고 있지?

가

다

두 마을은?

추담 마을

글과 어울리는 제목을 골라 연결해 봐!

제목

두 충신을 낳은 마을 이충동	정암 마을에 대하여	평택에 전해지는 전설
알맞아!	관계없어!	범위가 좁아!

보기

① 충의각　　　　　② 오달제　　　　　③ 두 명의 충신을 낳은 마을
④ 이충동　　　　　⑤ 정암 마을　　　　⑥ 오학사 비
⑦ 경기도 평택시　　⑧ 조광조와 오달제

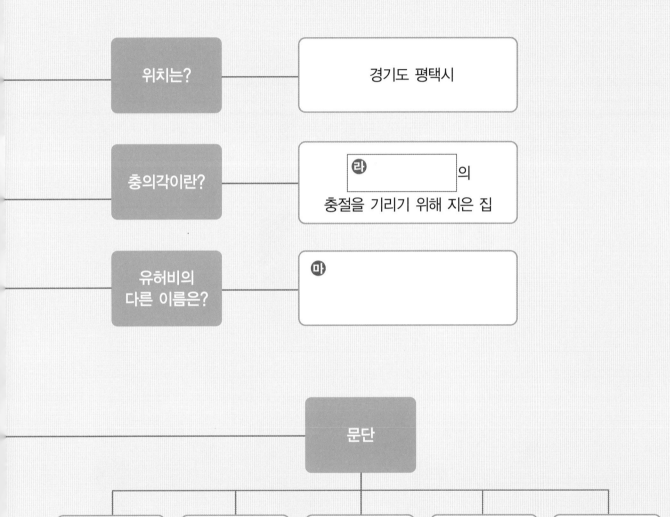

위치는? — 경기도 평택시

충의각이란? — [라]　　　의 충절을 기리기 위해 지은 집

유허비의 다른 이름은? — [마]

문단

| 1문단 | 2문단 | 3문단 | 4문단 | 5문단 |

이충동의 뜻과 두 마을 이름　／　이충동의 위치　／　이충동의 유적지　／　읽는 이에게 하고 싶은 말　／　조광조와 오달제 소개

1 앞에서 읽은 글은 마을 이름의 유래에 대해 소개했습니다. 다음 글을 잘 읽고, 이 마을에 어울리는 이름을 말풍선에 써 보세요.

천천면 춘송리 ○○마을은 면에 있는 마을이다. 연산군의 횡포가 심해지자 많은 선비가 어지러운 세상을 피해서 벼슬을 버리고 시골로 내려가 지금의 ○○마을에 와서 터를 잡고 숨어 살았다. ○○마을 옆을 흐르는 천천천은 냇물이 맑고 주변의 경치가 좋아 송탄 장응두 선생은 낮이면 냇가에 나가 고기를 잡고, 밤이면 글을 읽으며 여생을 보냈다고 한다. 그 뒤, 사람들이 장응두 선생의 호를 따서 동네 이름을 ○○이라 불렀다.

정암 마을은 조광조의 호를, 추담 마을은 오달제의 호를 따 이름을 붙였어.

2 다음은 앞의 글을 읽은 친구들의 대화입니다. 이 글을 잘못 이해하고 있는 친구는 누구인가요?

① 이충동에 있는 충의각에 가면 조광조와 오달제를 기리는 비를 볼 수 있겠네.

② 나도 충신들이 태어나고 자란 마을에 한번 가 보고 싶어.

③ 마을 이름을 통해서도 역사적 사실을 알 수 있다는 것이 재미있어.

④ 같은 마을에서 태어나고 자란 두 사람이 서로 다투다가 죽다니 안타까운 일이야.

 오늘 읽어 볼 글입니다. 차근차근 잘 읽고, 문제를 풀어 보세요.

어느 날, 책꽂이에 오 헨리의 〈마지막 잎새〉라는 책이 꽂혀 있는 것을 보았다. 제목을 보고 호기심이 생겨 책을 펼쳐 보았다.

이 책의 주인공은 뉴욕에 사는 가난한 화가 존시이다. 어느 날, 심한 폐렴에 걸린 존시는 창문 너머로 보이는 담쟁이덩굴 잎이 모두 떨어지면 자신도 죽을 것이라고 생각한다. 우연히 이 사실을 알게 된 화가 베이먼 할아버지는 존시에게 희망을 주기 위해 비바람이 몹시 치던 밤, 아픈 몸을 이끌고 밖으로 나간다. 그리고 담쟁이덩굴 잎이 모두 떨어져 버린 담벼락에 베이먼 할아버지는 진짜 같은 나뭇잎 하나를 그린다. 아침에 눈을 떠 창밖을 본 존시는 모진 비바람에도 떨어지지 않은 나뭇잎 하나를 발견하고는 희망을 얻고 점차 기운을 차린다. 그러나 그날 아침, 베이먼 할아버지가 폐렴으로 거리에서 숨을 거두었다는 소식이 들려온다.

이 책에서 가장 인상 깊었던 장면은 비바람이 몰아치던 밤, 베이먼 할아버지가 존시를 위해 담벼락에 나뭇잎을 그리는 장면이다. 할아버지의 모습이 너무 아름답게 느껴져 아직도 내 마음속에 남아 있다. 베이먼 할아버지가 그린 나뭇잎은 그 어떤 예술 작품보다 훌륭한 예술 작품이 아닐까 하는 생각을 했다. 그리고 다른 사람에게 희망을 주기 위해 자기를 희생하는 모습을 보며 인간에 대한 진정한 사랑이 무엇인지 깨달았다.

예술가가 되고 싶은 친구들은 이 책을 꼭 한 번 읽어 보면 좋겠다.

글밥지도 그리기

다음은 앞에서 읽은 글의 내용을 한눈에 볼 수 있도록 정리한 글밥지도입니다. 보기 에서 알맞은 말을 골라 빈칸을 채워 보세요. 그리고 글에 알맞은 제목을 찾아 선으로 이어 보세요.

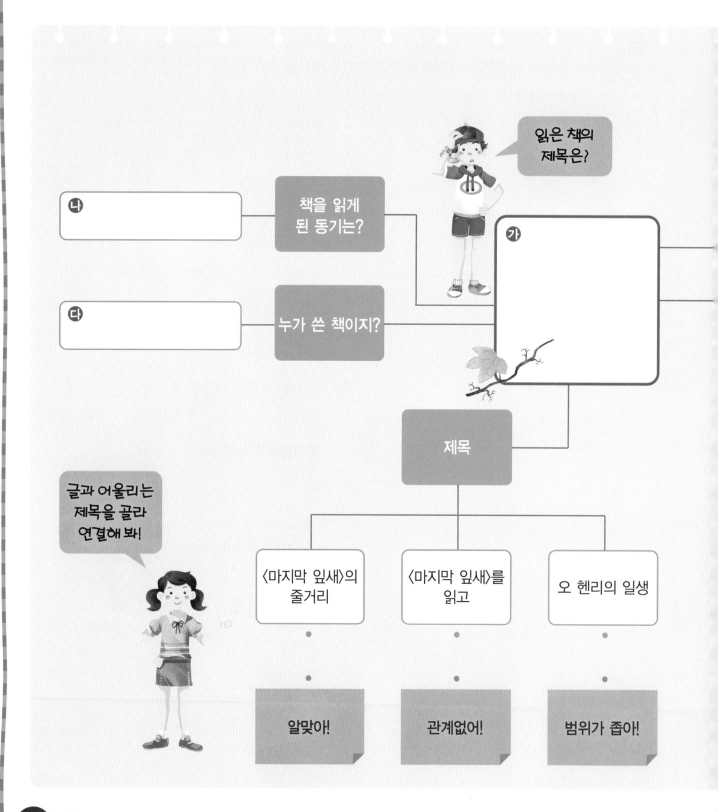

읽은 책의 제목은?

나

책을 읽게 된 동기는?

다

누가 쓴 책이지?

가

제목

글과 어울리는 제목을 골라 연결해 봐!

〈마지막 잎새〉의 줄거리

〈마지막 잎새〉를 읽고

오 헨리의 일생

알맞아!

관계없어!

범위가 좁아!

26

보기

① 간호사　　　　② 마지막 잎새　　　　③ 제목을 보고 호기심이 생겨서

④ 오 헨리　　　　⑤ 화가　　　　⑥ 훌륭한 예술 작품

⑦ 나뭇잎　　　　⑧ 예술가

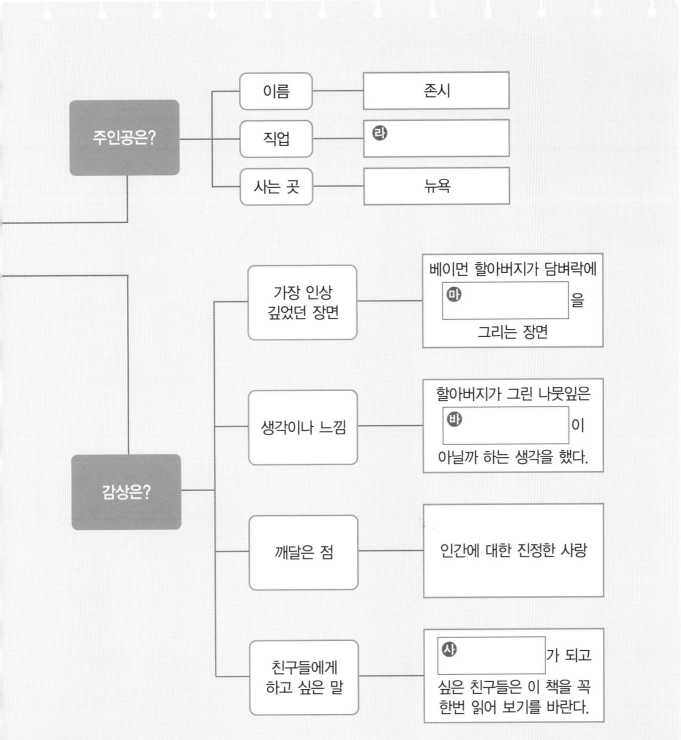

주인공은?

이름 ── 존시

직업 ── (라)

사는 곳 ── 뉴욕

감상은?

가장 인상 깊었던 장면 ── 베이먼 할아버지가 담벼락에 (마) 을 그리는 장면

생각이나 느낌 ── 할아버지가 그린 나뭇잎은 (바) 이 아닐까 하는 생각을 했다.

깨달은 점 ── 인간에 대한 진정한 사랑

친구들에게 하고 싶은 말 ── (사) 가 되고 싶은 친구들은 이 책을 꼭 한번 읽어 보기를 바란다.

1 다음은 글쓴이가 가장 인상 깊었다고 한 장면입니다. 존시를 위해 나뭇잎을 그리는 베이먼 할아버지에게 어떤 말을 해 주고 싶나요? 말풍선 안에 자유롭게 써 보세요.

2 다음은 앞의 글을 읽은 친구들의 대화입니다. 이 글을 <u>잘못</u> 이해하고 있는 친구는 누구인가요?

① 삶에 대한 희망을 버리지 않는 것이 중요하다는 사실을 알게 되었어.

② 책 제목과 주인공 이름, 줄거리와 생각이나 느낌 등을 잘 정리해서 썼어.

③ 자기 몸은 돌보지 않고 다른 사람부터 생각하는 건 어리석은 일이야.

④ 나도 다른 사람을 위해 자신을 희생할 줄 아는 훌륭한 사람이 되고 싶어.

오늘 읽어 볼 글입니다. 차근차근 잘 읽고, 문제를 풀어 보세요.

- 받는 사람 : ○○구청 환경과 담당자
- 부탁하는 내용 : 공사장 주변 정리와 소음 단속
- 부탁하는 사람 : ○○구 ○○동 155-5호 조수연

안녕하세요. 저는 ○○초등학교에 다니는 조수연입니다. 늘 우리 구의 환경을 위해 애써 주시는 구청의 환경과 공무원분들께 고마운 마음을 전하고 싶습니다. 그런데 오늘은 부탁드릴 것이 있어 글을 씁니다.

요즘 ○○구청에서 우리 집 앞 골목에 새 보도블록 까는 일을 하고 있습니다. 그런데 한 달 전 시작한 공사가 아직도 끝나지 않은 것입니다. 골목에는 새로 깔 보도블록이 쌓여 있고, 낡은 보도블록을 거둬 낸 바닥 때문에 보기도 흉하고 다니기도 불편합니다. 또한 큰 기계가 하루 종일 '쿵쿵' 시끄러운 소리를 내서 할머니께서는 신경이 날카로워진다고 말씀하시고, 저는 시끄러워서 공부를 하기 어렵습니다. 또, 공사가 언제 끝나는지 알 수 없어 답답합니다.

환경과의 담당자께서 직접 나오셔서 주변을 깨끗하게 정리해 주시고, 소음이 일어나는 일은 되도록 정해진 시간에만 하도록 지도해 주시기 바랍니다. 또, 공사가 언제 끝나는지 알 수 있는 표지판도 세워 주셨으면 좋겠습니다.

이 공사가 우리 마을을 깨끗하고 아름답게 가꾸기 위한 일이라는 것을 알지만 주민의 편의를 생각하여 제 부탁을 받아 주시기 바랍니다. 저도 마을을 위한 일이라면 힘껏 돕겠습니다.

다음은 앞에서 읽은 글의 내용을 한눈에 볼 수 있도록 정리한 글밥지도입니다. 보기 에서 알맞은 말을 골라 빈칸을 채워 보세요. 그리고 문단에 알맞은 내용을 찾아 선으로 이어 보세요.

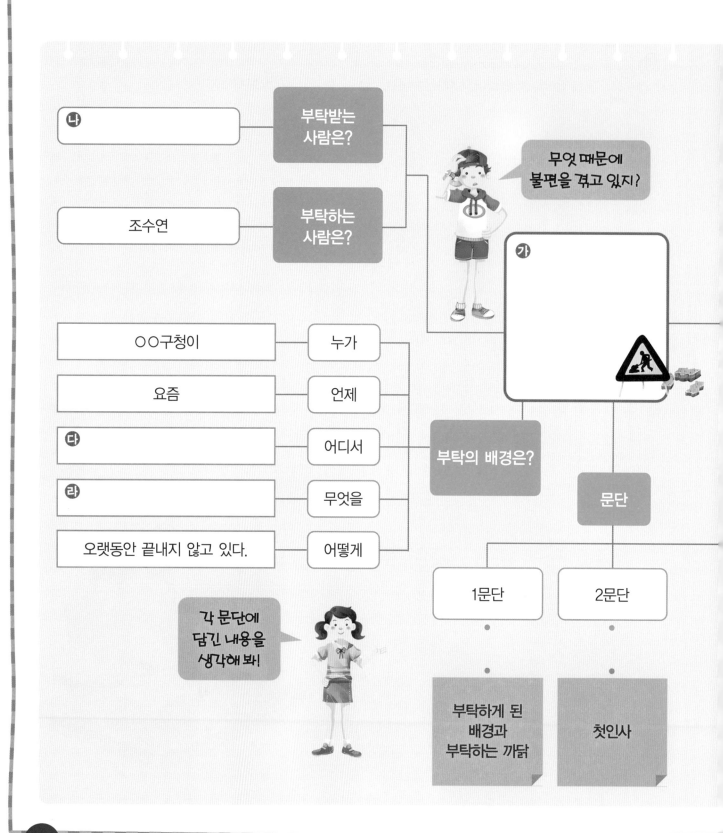

나

조수연

부탁받는 사람은?

부탁하는 사람은?

무엇 때문에 불편을 겪고 있지?

가

○○구청이 — 누가

요즘 — 언제

다 — 어디서

라 — 무엇을

오랫동안 끝내지 않고 있다. — 어떻게

부탁의 배경은?

문단

1문단

2문단

각 문단에 담긴 내용을 생각해 봐!

부탁하게 된 배경과 부탁하는 까닭

첫인사

보기

① 담장 공사   ② 보도블록 공사   ③ 조수연

④ ○○구청 환경과 담당자   ⑤ 보도블록 까는 일을   ⑥ 표지판

⑦ 우리 집 앞 골목에   ⑧ 시끄러운 소리

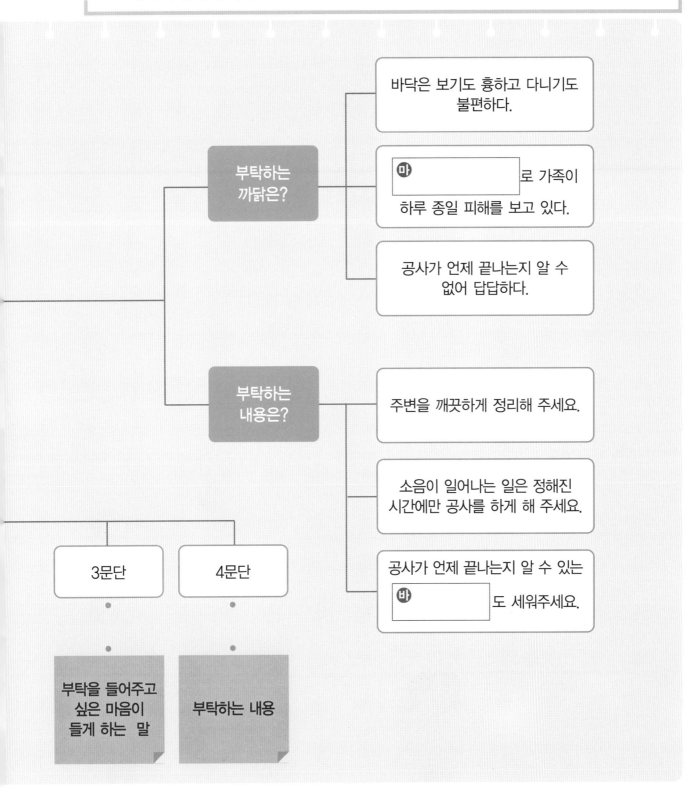

부탁하는 까닭은?

바닥은 보기도 흉하고 다니기도 불편하다.

마 로 가족이 하루 종일 피해를 보고 있다.

공사가 언제 끝나는지 알 수 없어 답답하다.

부탁하는 내용은?

주변을 깨끗하게 정리해 주세요.

소음이 일어나는 일은 정해진 시간에만 공사를 하게 해 주세요.

공사가 언제 끝나는지 알 수 있는 **바** 도 세워주세요.

3문단

4문단

부탁을 들어주고 싶은 마음이 들게 하는 말

부탁하는 내용

1 수연이가 쓴 글을 읽고, 부탁하는 내용에 알맞은 부탁하는 까닭을 찾아 선으로 이어 보세요.

주변을 깨끗하게 정리해 주세요. •

• 공사가 언제 끝나는지 알 수 없어 답답합니다.

소음이 일어나는 일은 정해진 시간에만 공사를 해 주세요. •

• 바닥이 뜯겨져 나가 보기도 흉하고 다니기도 불편합니다.

공사가 언제 끝나는지 알 수 있는 표지판도 세워 주세요. •

• 소음으로 가족이 하루 종일 피해를 보고 있습니다.

2 다음은 앞의 글을 읽은 친구들의 대화입니다. 이 글을 잘못 이해하고 있는 친구는 누구인가요?

① 구청의 담당자는 공사장에 자주 나와서 주민들이 불편하지 않도록 예방하고 단속해야 해.

② 부탁하는 내용은 분명한데 부탁하는 까닭은 드러나 있지 않아.

③ 공사장에서 발생하는 소음으로 글쓴이 가족이 피해를 많이 보고 있어.

④ 부탁 받는 사람의 마음을 생각해서 예의 바른 말을 사용하였어.

 오늘 읽어 볼 글입니다. 차근차근 잘 읽고, 문제를 풀어 보세요.

보고 싶은 할아버지, 할머니께

할아버지, 할머니, 그동안 안녕하셨어요?

추웠다 더웠다 변덕을 부리는 올해 봄 날씨 때문에 감기에 걸리시지는 않으셨나요? 저는 엄마와 아빠의 따뜻한 보살핌 덕분에 몸 건강히 잘 지내고 있어요.

할아버지, 지난 추석 때 제가 숙제로 그린 그림을 보시고 제게 그림을 잘 그린다고 칭찬해 주셨죠? 저는 그때부터 그림 그리기에 자신이 생겼어요. 그래서 꾸준히 그림 그리기 연습을 하여 이번 교내 그림 그리기 대회에서 우수상을 받았어요. 그래서 기쁜 소식을 할아버지께 꼭 알려 드리고 싶었어요.

할머니, 저는 원래 쑥떡을 안 먹었는데 할머니께서 만들어 보내 주신 쑥떡을 먹고 쑥떡의 맛을 알게 되었어요. 그래서 제가 쑥떡을 좋아하게 되었다는 사실을 알려 드리려고 이렇게 편지를 쓰게 되었어요.

두 달 뒤쯤 여름 방학을 하면 엄마, 아빠와 함께 할아버지, 할머니 댁에 찾아뵐게요. 그때, 그림 대회에서 우수상을 받은 그림도 보여 드리고, 쑥떡 먹는 모습도 보여 드릴게요.

할아버지 할머니, 다시 찾아뵐 때까지 안녕히 계세요.

20○○년 ○○월 ○○일

현준 올림

글밥지도 그리기

다음은 앞에서 읽은 글의 내용을 한눈에 볼 수 있도록 정리한 글밥지도입니다. 보기
에서 알맞은 말을 골라 빈칸을 채워 보세요. 그리고 하고 싶은 말을 찾아 선으로 이
어 보세요.

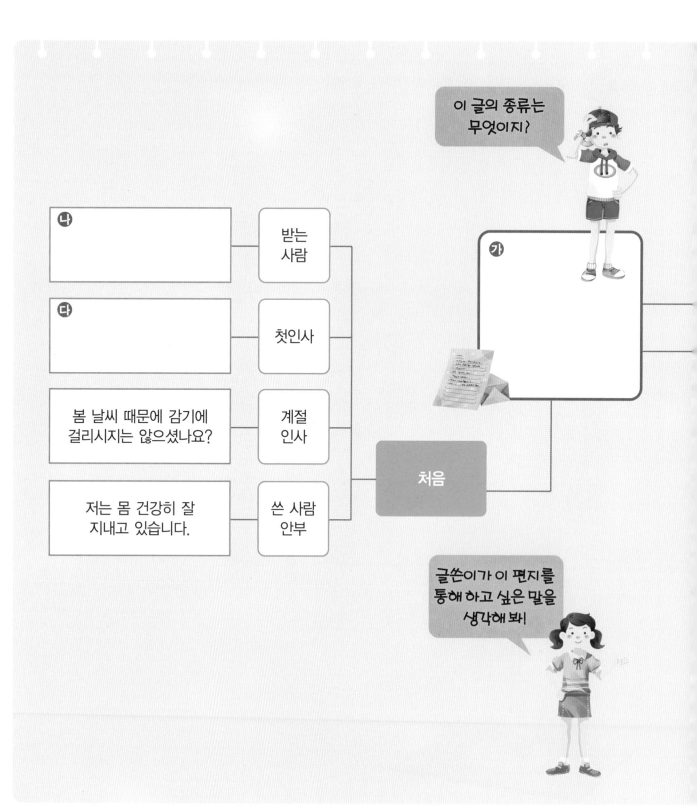

이 글의 종류는
무엇이지?

가

나

받는
사람

다

첫인사

봄 날씨 때문에 감기에
걸리시지는 않으셨나요?

계절
인사

저는 몸 건강히 잘
지내고 있습니다.

쓴 사람
안부

처음

글쓴이가 이 편지를
통해 하고 싶은 말을
생각해 봐!

보기

① 초대하는 글 　　② 편지글 　　③ 첫인사 　　④ 할아버지, 할머니
⑤ 그동안 안녕하셨어요? 　　⑥ 다시 찾아뵐 때까지 안녕히 계세요.
⑦ 자랑스럽고 기쁠 것 같아요. 　　⑧ 현준

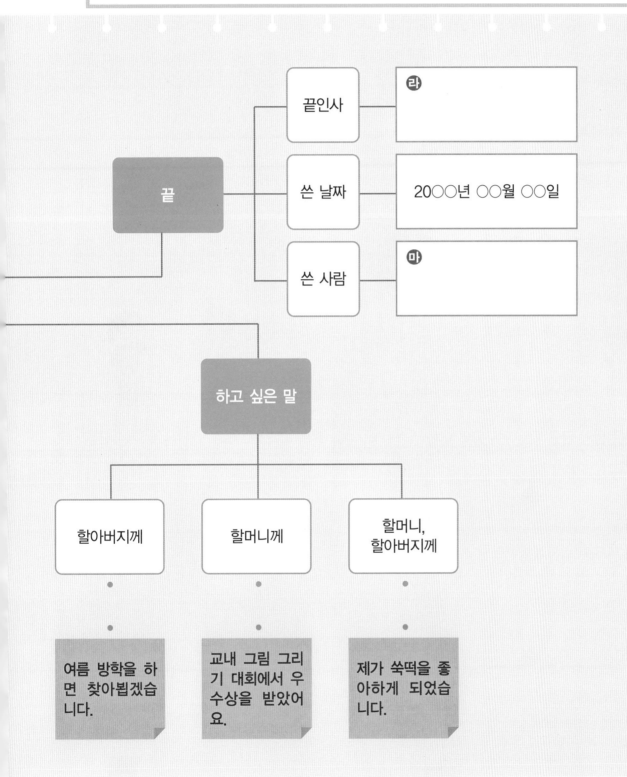

끝인사 — 라

끝

쓴 날짜 — 20○○년 ○○월 ○○일

쓴 사람 — 마

하고 싶은 말

할아버지께

할머니께

할머니,
할아버지께

여름 방학을 하
면 찾아뵙겠습
니다.

교내 그림 그리
기 대회에서 우
수상을 받았어
요.

제가 쑥떡을 좋
아하게 되었습
니다.

1 다음 편지글을 읽고, 웃어른께 써야 할 높임말을 <u>잘못</u> 쓴 곳을 찾아 고쳐 써 보세요.

할아버지, 할머니에게 ┈┈┈▶ ①

할아버지, 할머니, 안녕? ┈┈▶ ②

올해 봄 날씨가 변덕을 부려서 감기에 걸리지는 않았지? ┈┈┈▶ ③

저는 엄마와 아빠의 따뜻한 보살핌 덕분에 몸 건강히 잘 지내고 있어. ┈▶ ④

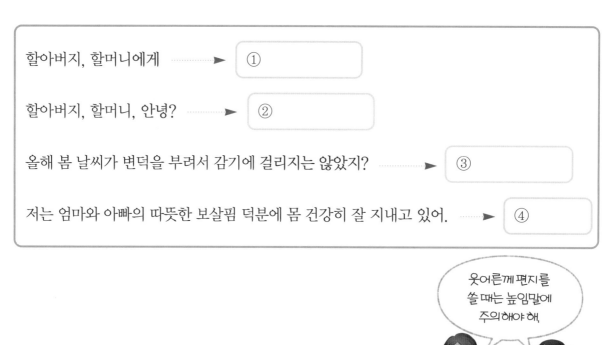

웃어른께 편지를 쓸 때는 높임말에 주의해야 해.

2 다음은 앞의 글을 읽은 친구들의 대화입니다. 이 글을 <u>잘못</u> 이해하고 있는 친구는 누구인가요?

① 글쓴이는 할아버지, 할머니께 새로운 소식과 앞으로의 계획을 알려 드리고 있어.

② 글쓴이는 편지글 형식에 맞게 글을 썼어.

③ 글쓴이의 할머니는 글쓴이가 싫어하는 쑥떡을 억지로 먹게 하는 매우 무서운 분인 것 같아.

④ 할아버지, 할머니께 예의 바르게 높임말을 사용하고 있어.

 오늘 읽어 볼 글입니다. 차근차근 잘 읽고, 문제를 풀어 보세요.

20○○년 ○○월 ○○일 3~4시 사이, 우리 집에서 가장 가까운 산에 올라가서 우리 마을의 모습을 눈으로 직접 관찰하고 사진을 찍었다.

우리 마을은 전체적으로 둥근 모양이며 마을 한가운데에 이웃 마을과 연결된 찻길이 있다. 거리마다 푸른 나무가 울창하게 서 있고, 공원도 여러 개 보였다.

우리 마을은 고층 아파트 단지가 병풍처럼 들어차 있다. 아파트 단지 옆에는 성냥갑같이 네모난 크고 작은 상가들도 보인다. 또, 약간의 주택 단지도 있는데 대부분의 집은 작은 마당이 있는 2층 양옥이다.

바닥 분수가 있는 공원에는 아이들이 물줄기를 맞으며 신 나게 모여 놀고, 생선을 파는 트럭 앞에는 생선을 사려는 아주머니들이 모여 있는 모습도 보였다. 멀리 개천가에는 운동하는 사람들의 모습이 조그맣게 보였다.

우리 마을은 근처에 산이 있고 공원이 잘 만들어져 있어서 공기도 좋고 살기도 좋다. 그렇지만 높은 곳에서 바라보니 똑같은 모양의 아파트가 너무 많았다. 또, 상가 모양도 네모난 성냥갑 모양으로 특색이 없어 보였다. 앞으로는 특색 없는 상가나 아파트보다 아름다운 집들이 많이 지어졌으면 좋겠다.

글밥지도 그리기

다음은 앞에서 읽은 글의 내용을 한눈에 볼 수 있도록 정리한 글밥지도입니다. 보기에서 알맞은 말을 골라 빈칸을 채워 보세요. 그리고 글에 알맞은 제목과 문단의 내용을 찾아 선으로 이어 보세요.

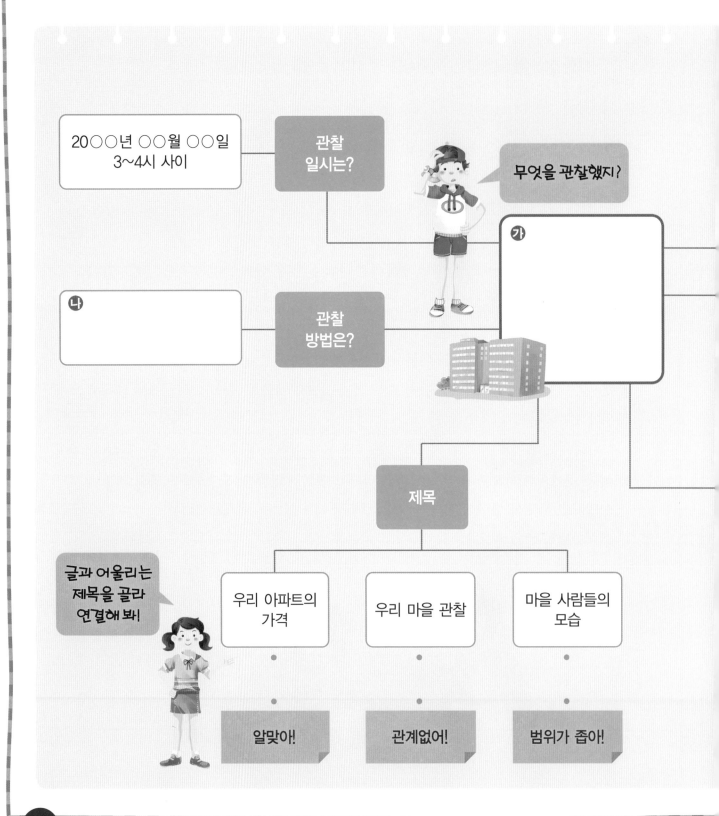

20○○년 ○○월 ○○일 3~4시 사이

관찰 일시는?

무엇을 관찰했지?

가

나

관찰 방법은?

제목

글과 어울리는 제목을 골라 연결해 봐!

우리 아파트의 가격

우리 마을 관찰

마을 사람들의 모습

알맞아!

관계없어!

범위가 좁아!

보기

① 산에 올라 눈으로 직접 관찰하고 사진을 찍었다.   ② 우리 학교

③ 우리 마을   ④ 기사문   ⑤ 둥근 모양   ⑥ 아름다운 집

⑦ 아이들이 신 나게 노는 모습   ⑧ 높은 빌딩

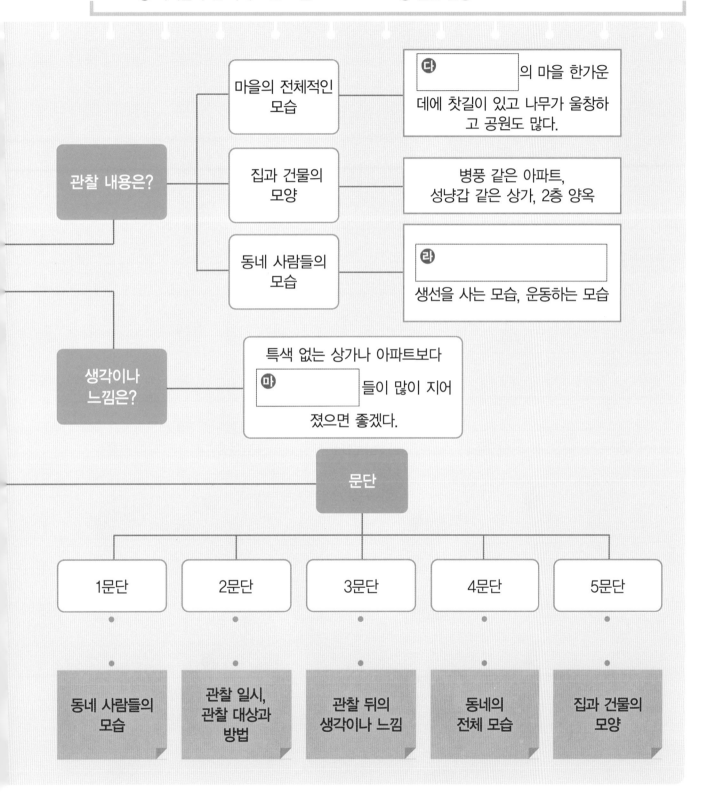

관찰 내용은?

마을의 전체적인 모습

다 의 마을 한가운데에 찻길이 있고 나무가 울창하고 공원도 많다.

집과 건물의 모양

병풍 같은 아파트, 성냥갑 같은 상가, 2층 양옥

동네 사람들의 모습

라 생선을 사는 모습, 운동하는 모습

생각이나 느낌은?

특색 없는 상가나 아파트보다 **마** 들이 많이 지어졌으면 좋겠다.

문단

1문단 | 2문단 | 3문단 | 4문단 | 5문단

동네 사람들의 모습 | 관찰 일시, 관찰 대상과 방법 | 관찰 뒤의 생각이나 느낌 | 동네의 전체 모습 | 집과 건물의 모양

1 다음은 글쓴이가 우리 마을의 모습을 관찰하기 위해 기록한 계획서입니다. 빈 칸에 들어갈 알맞은 말을 에서 골라 보기 에 답해 보세요.

관찰 대상	①	관찰 일시	20○○년 ○○월 ○○일 3시부터
관찰 방법	눈으로 보기, 사진 찍기		
관찰할 것	마을의 전체적인 모습		
	집과 건물들의 모습		
	②		
준비물	③		

보기   사람들의 모습   우리 마을   사진기   지도

2 다음은 앞의 글을 읽은 친구들의 대화입니다. 이 글을 <u>잘못</u> 이해하고 있는 친구는 누구인가요?

① 이 글에는 관찰 대상과 관찰 방법이 잘 나타나 있어.

② 관찰 내용을 자세히 써서 마을의 모습을 직접 눈으로 보고 있는 것 같아.

③ 관찰 뒤의 생각이나 느낌도 꼼꼼히 적었어.

④ 글쓴이는 자기가 살고 있는 마을이 한 가지도 맘에 드는 것이 없대.

 오늘 읽어 볼 글입니다. 차근차근 잘 읽고, 문제를 풀어 보세요.

20○○년 ○○월 ○○일   날씨 : 맑다가 비

여름 방학을 맞이하여 나는 엄마, 아빠, 이모와 함께 수락산에 갔다. 택시를 타고 수락산 입구까지 갈 때는 편했는데 계곡을 따라 걸어 올라갈 때는 다리가 아프고 땀도 났다.

우리 가족은 쉬며 놀기 좋은 장소를 찾아 계곡을 따라 위로 올라갔다. 일찍 온 사람들이 좋은 자리를 모두 차지하고 있었다. 나는 친구를 사귀고 싶어서 아이들이 많이 놀고 있는 곳에 자리를 잡자고 말했다.

"저 물 좀 봐. 여긴 지저분해서 안 돼. 더 올라가자."

이모의 주장대로 한참을 더 올라가 깨끗한 곳에 자리를 잡았다. 아빠와 함께 물속에 들어가 버들치를 잡았다. 버들치는 행동이 빨라서 잡기가 무척 어려워 간신히 한 마리를 잡았다. 넓은 바위에 앉아 가지고 간 삶은 감자와 포도를 먹었다. 그리고 이모와 돗자리에 앉아 버들치를 소재로 동시도 지었다.

3시쯤 되자 빗방울이 후드득 떨어지기 시작했다. 잡아 놓은 버들치를 물에 놓아주고 부랴부랴 짐을 챙겨서 산을 내려왔다.

이모의 고집 때문에 썰렁하고 쓸쓸한 곳에서 혼자 노느라 친구들을 사귀지 못한 것이 못내 서운했다. 하지만 이모 덕분에 깨끗한 물에 발을 담그고 맑은 산 냄새를 맡으며 쉴 수 있어서 참 좋았다.

글밥지도
그리기

다음은 앞에서 읽은 글의 내용을 한눈에 볼 수 있도록 정리한 글밥지도입니다. [보기]
에서 알맞은 말을 골라 빈칸을 채워 보세요. 그리고 글에 알맞은 제목을 찾아 선으
로 이어 보세요.

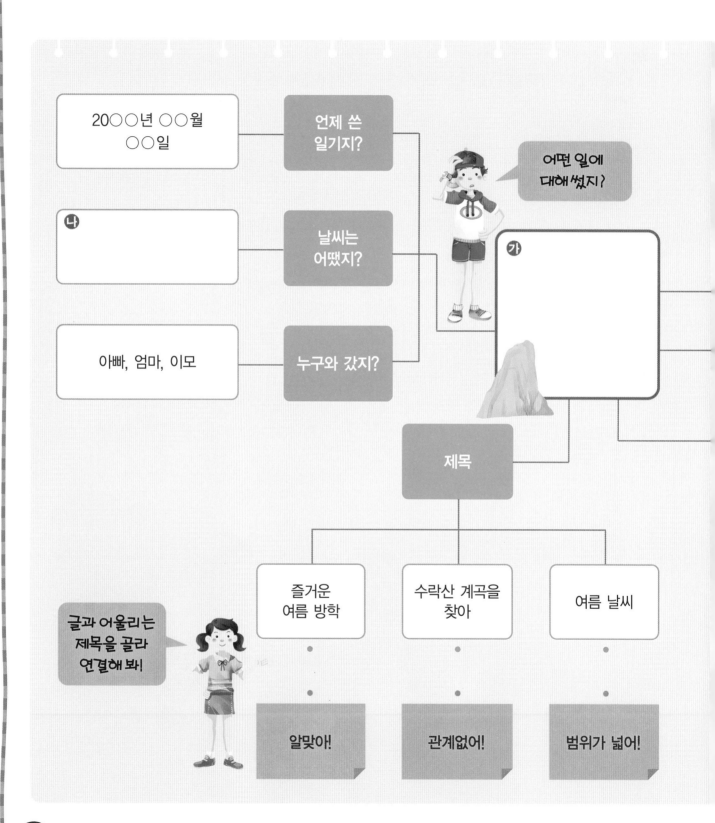

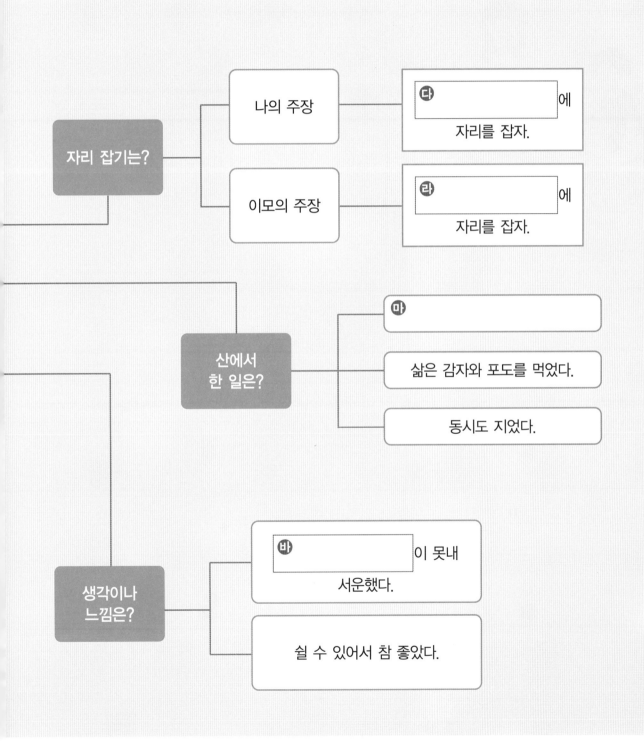

자리 잡기는?

나의 주장

다 [   ]에
자리를 잡자.

이모의 주장

라 [   ]에
자리를 잡자.

산에서
한 일은?

마 [   ]

삶은 감자와 포도를 먹었다.

동시도 지었다.

생각이나
느낌은?

바 [   ]이 못내
서운했다.

쉴 수 있어서 참 좋았다.

1 다음은 앞에서 읽은 글의 중요한 장면입니다. 글쓴이와 이모가 지은 동시를 읽고 빈칸에 알맞은 말을 보기 에서 골라 답해 보세요.

시원한 그늘을 찾아가지요.

맑은 냇물을 찾아가지요.

산 내음 나는 곳에 매미 소리 ①⬚

물 내음 나는 곳에 노는 소리 ②⬚

버들치 에구머니 꽁지 빠지게 도망치네.

빗소리 ③⬚ 이제 집에 가야지.

꼬마 버들치 놓아주고

④⬚ 노래하며 오지요.

보기

| 첨벙첨벙 | 맴맴 | 흥얼흥얼 | 후드득 |

2 다음은 앞의 글을 읽은 친구들의 대화입니다. 이 글을 <u>잘못</u> 이해하고 있는 친구는 누구인가요?

① 가족들과 수락산에 다녀온 일을 소재로 쓴 일기네.

② 글쓴이는 자기 고집만 부린 이모를 원망하고 있어.

③ 버들치를 놓아주고 온 걸 보니 자연을 사랑하는 친구네.

④ 버들치를 잡는 장면이 가장 인상 깊었어. 나도 이번 주말에 가족들과 수락산에 가야겠어.

 오늘 읽어 볼 글입니다. 차근차근 잘 읽고, 문제를 풀어 보세요.

3·6·9 게임을 하려면 먼저 3~6명 정도로 모둠을 나누고 원을 만들어 앉아 시작할 사람과 돌아갈 방향을 정한다. 그다음 닭이 날개를 퍼덕이듯 팔을 겨드랑이에 붙였다 떼었다 쳐 주며 '3·6·9, 3·6·9'를 두 번 외친다. 한 사람씩 돌아가면서 숫자를 1부터 차례대로 외치다가 3의 배수에 해당하는 숫자가 나오면 말을 하지 않고 손뼉을 친다.

'3, 6, 9, 12, 15, 18' 등 3의 배수에 해당하는 숫자를 말한 사람은 술래가 된다. 또, 말해야 하는 숫자가 아닌 다른 숫자를 말하거나 자기 순서가 아닌 때 숫자를 말해도 술래가 된다. 그리고 박자를 놓쳐도 안 된다. 술래가 된 사람은 벌칙❶을 받는다. 술래가 모둠의 가운데로 나가 엎드리고 남은 사람들은 '인디안 밥'을 외치며 술래의 등을 북을 치듯이 두들긴다.

술래에게 벌칙을 줄 때는 '인디안 밥'을 하며 술래의 등을 두 손만 사용하여 가볍게 두들겨야 한다. 팔꿈치나 발을 사용하면 다칠 수 있으므로 사용하지 않는다. '인디안 밥'이라는 말이 끝남과 동시에 두들김도 멈춰야 한다.

3·6·9 게임을 하면 좋은 점은 3의 배수를 생각해야 하므로 두뇌 훈련이 된다는 점이다. 그리고 틀리지 않으려고 집중을 하기 때문에 집중력이 생긴다. 또, 친구들과 어울려 노는 놀이이기 때문에 긴장된 마음이 풀어지고 친구들과 친해지는 효과도 있다.

❶ **벌칙** : 처벌을 정하여 놓은 규칙

글밥지도
그리기

다음은 앞에서 읽은 글의 내용을 한눈에 볼 수 있도록 정리한 글밥지도입니다. 보기
에서 알맞은 말을 골라 빈칸을 채워 보세요. 그리고 문단의 내용을 찾아 선으로 이
어 보세요.

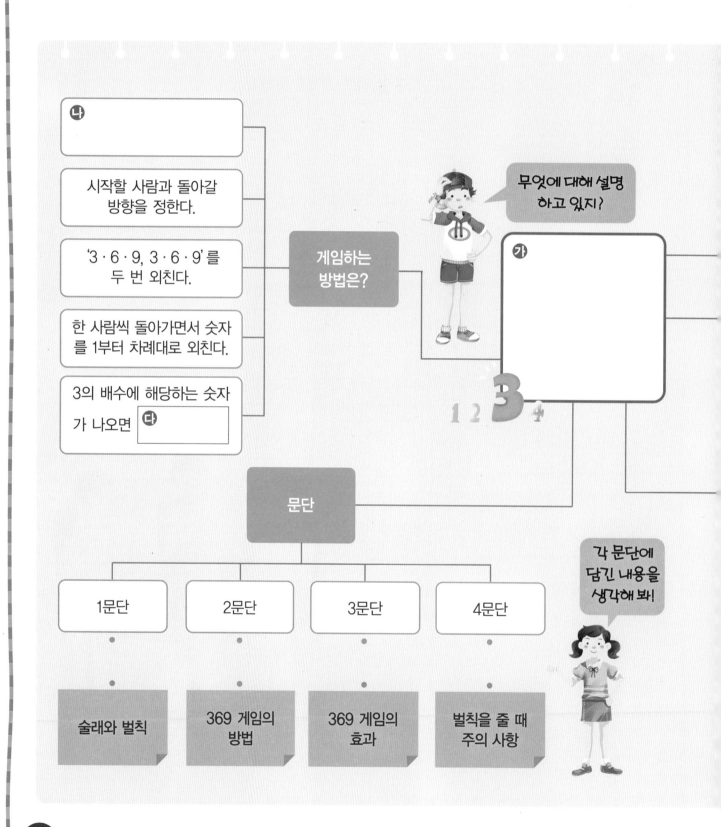

나

시작할 사람과 돌아갈
방향을 정한다.

'3·6·9, 3·6·9'를
두 번 외친다.

한 사람씩 돌아가면서 숫자
를 1부터 차례대로 외친다.

3의 배수에 해당하는 숫자
가 나오면 다

게임하는
방법은?

무엇에 대해 설명
하고 있지?

가

1 2 3 4

문단

1문단   2문단   3문단   4문단

술래와 벌칙   369 게임의
방법   369 게임의
효과   벌칙을 줄 때
주의 사항

각 문단에
담긴 내용을
생각해 봐!

보기
① 007 빵 게임　　　　② 팔꿈치나 발　　　　③ 3의 배수에 해당하는 숫자
④ 3·6·9 게임　　　⑤ 끝말을 이어 간다.　　⑥ 3~6명 정도로 모둠을 나누어 앉는다.
⑦ 말을 하지 않고 손뼉을 친다.　　　　　　　⑧ 두뇌 훈련이 된다.

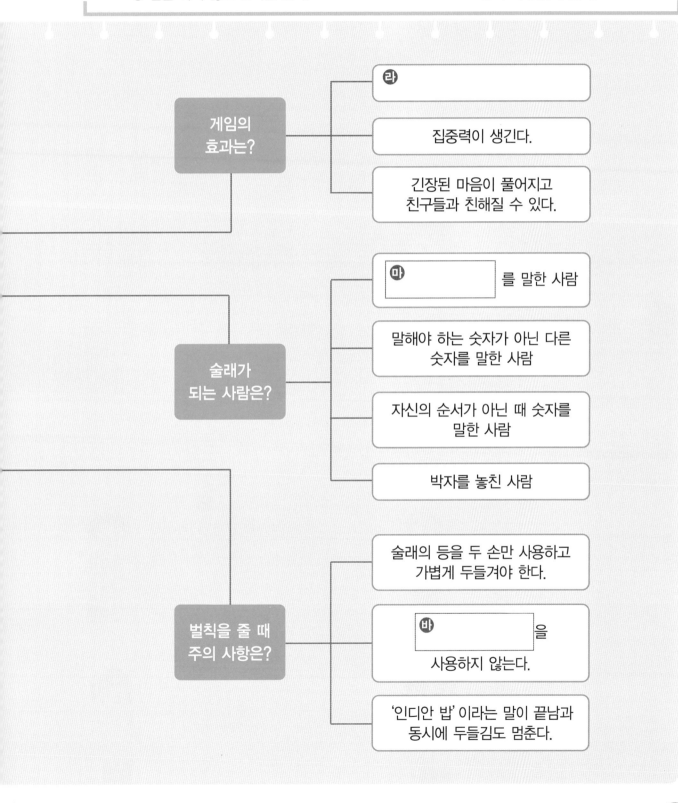

게임의
효과는?

라

집중력이 생긴다.

긴장된 마음이 풀어지고
친구들과 친해질 수 있다.

술래가
되는 사람은?

마
를 말한 사람

말해야 하는 숫자가 아닌 다른
숫자를 말한 사람

자신의 순서가 아닌 때 숫자를
말한 사람

박자를 놓친 사람

벌칙을 줄 때
주의 사항은?

술래의 등을 두 손만 사용하고
가볍게 두들겨야 한다.

바
을
사용하지 않는다.

'인디안 밥'이라는 말이 끝남과
동시에 두들김도 멈춘다.

1 다음은 앞에서 읽은 3·6·9 게임에 대한 글을 간추린 것입니다. 보기에서 알맞은 말을 골라 빈칸에 답해 보세요.

이 게임은 3~6명 정도가 모여, ① ☐☐☐☐☐☐☐☐☐ 숫자를 1부터 차례대로

외치다가, 3의 배수에 해당하는 숫자가 나오면 ② ☐☐☐☐☐☐☐☐ 손뼉을

치는 게임이다. 이때 3의 배수인 숫자를 말한 사람, 다른 숫자를 말한 사람, 자기 순서

가 아닌데 말한 사람, 박자를 놓친 사람이 술래가 된다. 술래가 된 사람은 벌칙을 받고,

다시 처음부터 반복하며 게임을 이어 간다. 3·6·9 게임을 하면 두뇌 훈련이 될 뿐만

아니라 집중력도 생기고, ③ ☐☐☐☐☐☐☐☐☐ 효과가 있다.

| 성적이 오르는 | 친구들과 친해지는 | 말을 하지 않고 | 한 사람씩 돌아가면서 |

2 다음은 앞의 글을 읽은 친구들의 대화입니다. 이 글을 <u>잘못</u> 이해하고 있는 친구는 누구인가요?

① 이 글은 3·6·9 게임을 하는 방법과 효과에 대해 설명하는 글이야.

② 친구들끼리 모여서 놀이도 하고 두뇌 훈련도 할 수 있어.

③ 3의 배수를 모르는 사람은 이 게임을 하기 어려워.

④ 이 게임을 잘하려면 낱말을 많이 알아야 돼.

 오늘 읽어 볼 글입니다. 차근차근 잘 읽고, 문제를 풀어 보세요.

때 : 크리스마스이브

곳 : 런던

등장인물 : 스크루지, 조카, 보브

크리스마스 캐럴이 상쾌하게 흐르다 멈추면 험상궂은 얼굴로 난롯불 앞에 앉아 있는 스크루지와 추위에 떨며 책상 앞에 앉아 일하는 보브가 보인다.

보브 : (스크루지 옆으로 걸어가 석탄 삽을 잡으려 하며) 불이 꺼져 가는데 석탄을 좀 더 넣으면 안 될까요?

스크루지 : (헛기침을 하며 못마땅한 목소리로) 절대로 안 돼!

보브 : 손가락이 얼어 글씨를 쓸 수가 없어서요.

스크루지 : 흥, 엄살이 심하군.

그때, 문을 여는 소리가 들리고, 스크루지의 조카가 무대 오른쪽으로 들어온다.

조카 : (명랑한 목소리로) 아저씨, 성탄을 축하합니다.

스크루지 : 네가 웬일이냐?

조카 : 크리스마스를 맞이하여 헐벗고 굶주리는 사람을 위해 모금을 하고 있어요. 아저씨께서 기부를 좀 해 주세요.

스크루지 : (퉁명스러운 목소리로) 단 1원도 줄 수 없으니 그런 소리 하려면 빨리 가거라.

보브 : (조카에게 봉투를 건네며) 여기 적은 돈이지만, 제가 조금 도와드릴게요.

스크루지 : 흥, 건방지게 가난뱅이 주제에 기부는 무슨 기부.

조카 : 보브, 고맙습니다. 이제 가 봐야겠어요. 아저씨, 메리 크리스마스.

글밥지도 그리기

다음은 앞에서 읽은 글의 내용을 한눈에 볼 수 있도록 정리한 글밥지도입니다. 보기에서 알맞은 말을 골라 빈칸을 채워 보세요. 그리고 글에 알맞은 제목과 인물의 성격을 알 수 있는 대사를 찾아 선으로 이어 보세요.

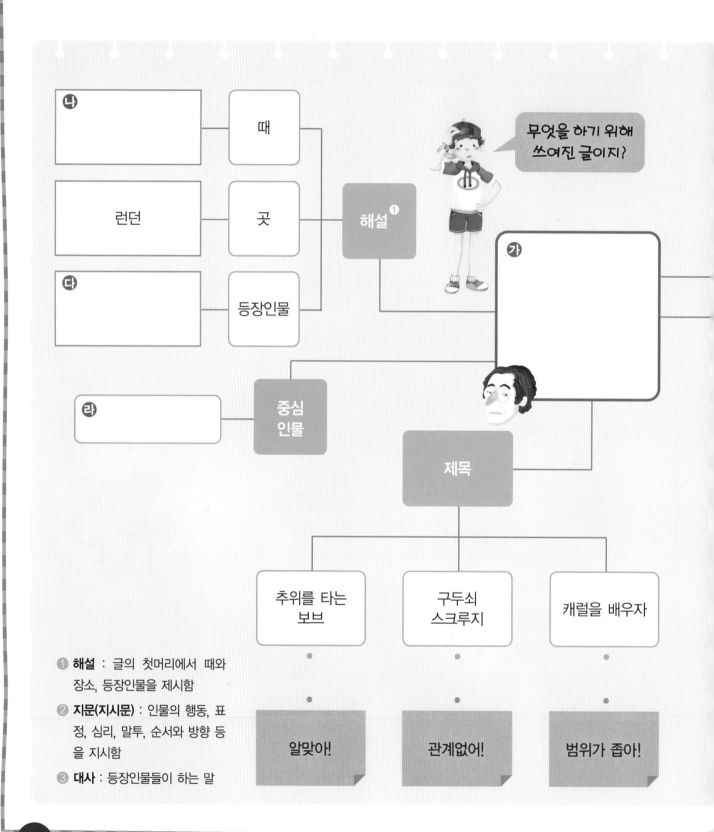

나

런던

다

때

곳

등장인물

해설①

무엇을 하기 위해 쓰여진 글이지?

가

라

중심 인물

제목

추위를 타는 보브

구두쇠 스크루지

캐럴을 배우자

알맞아!

관계없어!

범위가 좁아!

❶ **해설** : 글의 첫머리에서 때와 장소, 등장인물을 제시함
❷ **지문(지시문)** : 인물의 행동, 표정, 심리, 말투, 순서와 방향 등을 지시함
❸ **대사** : 등장인물들이 하는 말

보기

① 극본　　　　　② 연극　　　　　③ 스크루지

④ 스크루지, 조카, 보브　⑤ 크리스마스 이브　⑥ 조카

⑦ 새해 첫날　　　⑧ 행동 지시

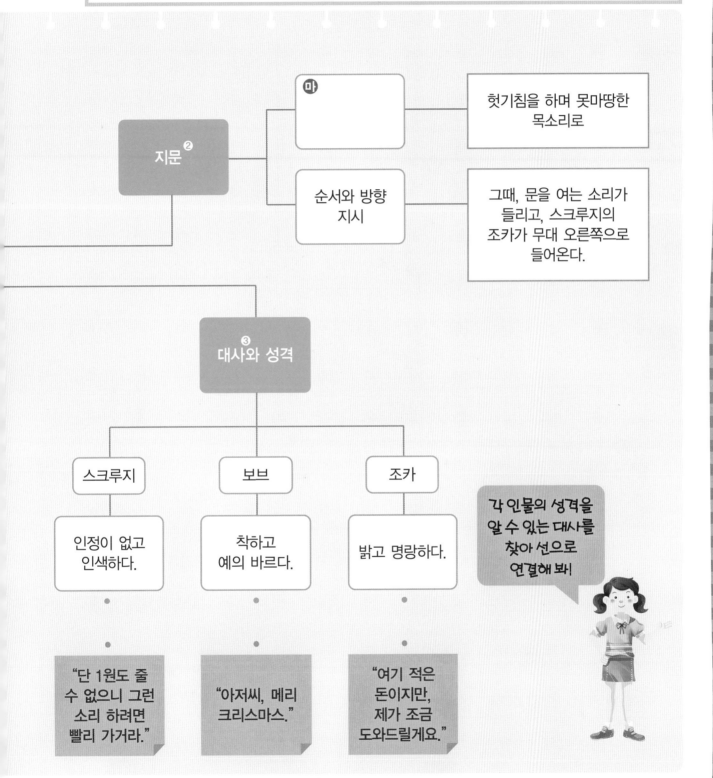

지문 ②

마

헛기침을 하며 못마땅한 목소리로

순서와 방향 지시

그때, 문을 여는 소리가 들리고, 스크루지의 조카가 무대 오른쪽으로 들어온다.

③ 대사와 성격

스크루지

보브

조카

인정이 없고 인색하다.

착하고 예의 바르다.

밝고 명랑하다.

각 인물의 성격을 알 수 있는 대사를 찾아 선으로 연결해 봐!

"단 1원도 줄 수 없으니 그런 소리 하려면 빨리 가거라."

"아저씨, 메리 크리스마스."

"여기 적은 돈이지만, 제가 조금 도와드릴게요."

1 다음은 앞의 글의 중요한 장면입니다. 이 장면에서 스크루지 역을 맡은 사람은 어떤 표정을 짓고, 어떤 목소리로 대사를 읽어야 할까요? **보기**에서 골라 답해보세요.

네가 웬일이냐?

아저씨께서 기부를 좀 해 주세요.

스크루지의 표정은?

①

스크루지의 목소리는?

②

보기

인상을 쓰며   반가운 표정으로   슬픈 목소리로   귀찮은 목소리로

---

2 다음은 앞의 글을 읽은 친구들의 대화입니다. 이 글을 <u>잘못</u> 이해하고 있는 친구는 누구인가요?

① 이 글은 크리스마스 이브, 런던을 배경으로 한 극본이야.

② 스크루지는 구두쇠다 차가운 성격을 가진 인물이야.

③ 보브는 가난하지만 마음이 따뜻한 사람인 것 같아.

④ 이 글에 쓰여 있는 스크루지의 대사를 읽을 때에는 상냥하고 부드러운 소리로 말하는 것이 좋아.

꼼꼼히 집중하여 읽기

글의 갈래	**주장하는 글**
걸린 시간	분 초

 오늘 읽어 볼 글입니다. 차근차근 잘 읽고, 문제를 풀어 보세요.

비디오 예술가 백남준 씨는 '모든 종이는 죽었다.' 라고 말했다. 이는 종이 책이 곧 사라질 것임을 알리는 말이다.

백남준 씨의 말처럼 종이 책은 곧 우리 곁에서 사라질 것이다. 종이 책은 누워서도 보기 쉽고 여러 장을 펼쳐 놓고 비교할 수 있으며, 파일이 망가지거나 사라질 걱정을 하지 않아도 되는 좋은점이 있다. 하지만 종이 책은 부피가 커서 보관하기 어렵고 정보를 주고받기도 매우 불편하다. 그래서 하루가 다르게 급변하는 요즘 사회에서 정보를 재빨리 전달하기 어렵다. 종이 책은 내용을 변경하거나 새로운 정보를 업데이트❶하는 데도 많은 시간을 필요로 한다.

반면에 새로 등장한 전자책은 글자는 물론이고 그림과 소리까지 함께 들을 수 있어 매우 흥미롭다. 전자책은 백과사전 수십 권에 담긴 정보를 단지 몇 장의 시디롬❷ 안에 담을 수 있다. 또한 전자책은 바로바로 정보의 내용을 변경하거나 정보를 업데이트할 수 있다.

브리태니커 백과사전도 이러한 이유로 종이 책의 발행을 중단하고 이제 시디롬 판만 발행한다고 한다. 소비자들도 종이 책에 비해 값싸고 편리한 시디롬 판을 더 좋아하고 있다. 앞으로 전자책의 영향력이 커질 것이고 이런 이유로 신문이나 잡지, 책 등 종이 책은 그 설 자리를 점점 잃게 될 것이다.

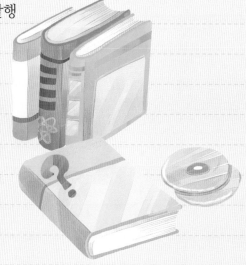

❶ **업데이트** : 이미 있던 정보를 새로운 정보로 바꿈

❷ **시디롬** : 콤팩트디스크(시디)에 데이터나 도형 정보를 기록해 둔 읽기 전용의 기억 매체

다음은 앞에서 읽은 글의 내용을 한눈에 볼 수 있도록 정리한 글밥지도입니다. 보기 에서 알맞은 말을 골라 빈칸을 채워 보세요. 그리고 글에 알맞은 제목과 문단의 내용을 찾아 선으로 이어 보세요.

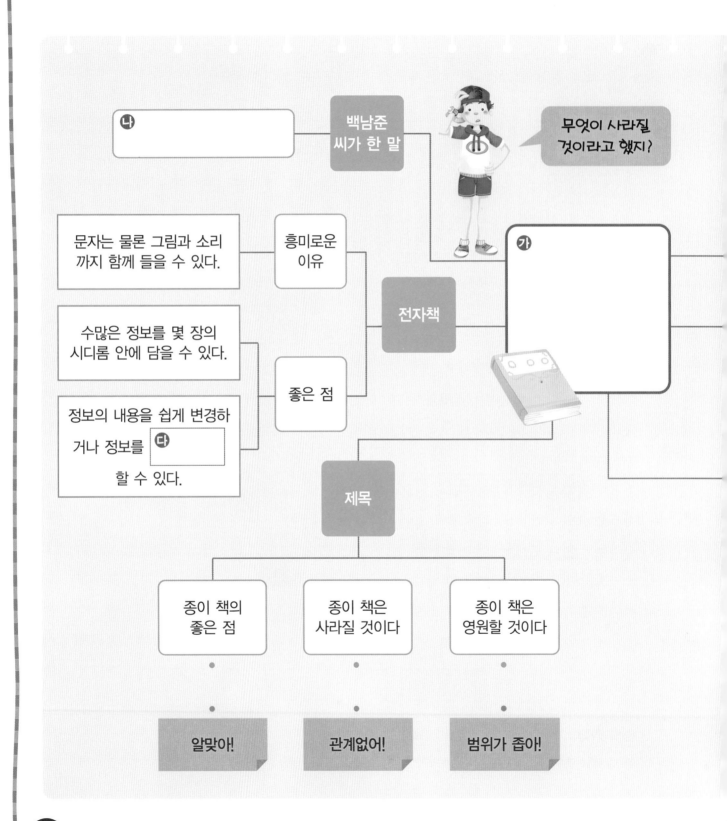

나

백남준 씨가 한 말

무엇이 사라질 것이라고 했지?

문자는 물론 그림과 소리 까지 함께 들을 수 있다.

흥미로운 이유

가

전자책

수많은 정보를 몇 장의 시디롬 안에 담을 수 있다.

좋은 점

정보의 내용을 쉽게 변경하 거나 정보를 다 할 수 있다.

제목

종이 책의 좋은 점

종이 책은 사라질 것이다

종이 책은 영원할 것이다

알맞아!

관계없어!

범위가 좁아!

보기
- ❶ 전자책
- ❷ 모든 종이는 죽었다.
- ❸ 종이 책
- ❹ 종이 책은 사라질 것이다.
- ❺ 업데이트
- ❻ 시디롬
- ❼ 망가지거나 사라질 걱정
- ❽ 부피가 커서 보관하기 어렵고

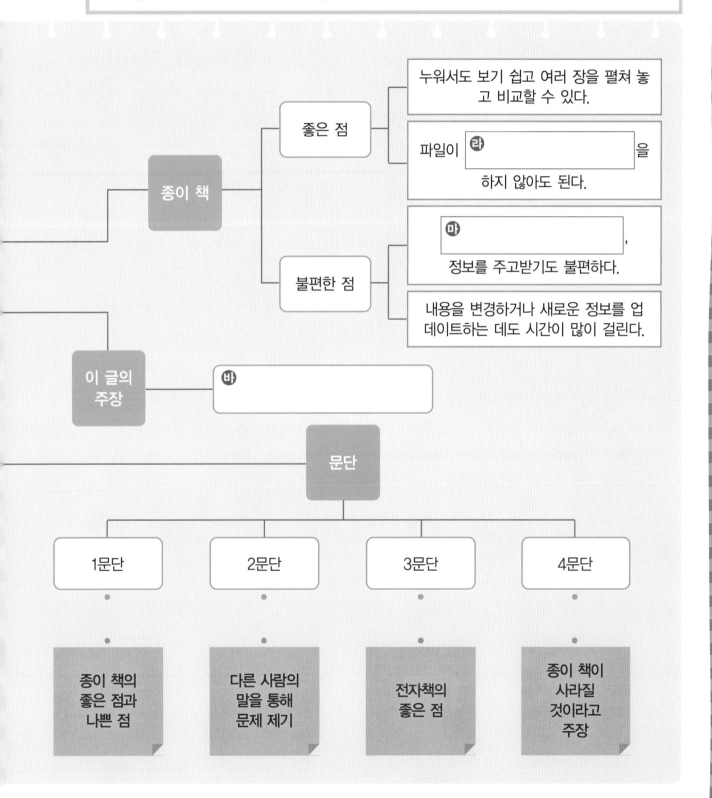

종이 책

좋은 점

누워서도 보기 쉽고 여러 장을 펼쳐 놓고 비교할 수 있다.

파일이 ㉣ _____ 을 하지 않아도 된다.

불편한 점

㉤ _____ , 정보를 주고받기도 불편하다.

내용을 변경하거나 새로운 정보를 업데이트하는 데도 시간이 많이 걸린다.

이 글의 주장

㉥ _____

문단

1문단	2문단	3문단	4문단
종이 책의 좋은 점과 나쁜 점	다른 사람의 말을 통해 문제 제기	전자책의 좋은 점	종이 책이 사라질 것이라고 주장

1 다음은 글쓴이가 제기한 문제와 주장을 정리한 것입니다. 그 주장을 뒷받침해 줄 수 있는 까닭으로 알맞은 것을 골라 ○표 해 보세요.

문제 제기	새로 등장한 전자책이 사람들에게 흥미를 끌면서 종이 책이 점점 설 자리를 잃고 있다.
주장	종이 책은 사라질 것이다.
까닭	① 종이 책은 부피가 커서 보관하기 어렵다.
	② 종이 책은 정보를 주고받기도 매우 불편하다.
	③ 종이 책은 누워서도 보기 쉽고 여러 장을 펼쳐 놓고 비교할 수 있다.
	④ 종이 책은 내용을 변경하거나 새로운 정보를 업데이트하는 데도 많은 시간을 필요로 한다.

2 다음은 앞의 글을 읽은 친구들의 대화입니다. 이 글을 <u>잘못</u> 이해하고 있는 친구는 누구인가요?

① 내 생각에도 종이 책은 점점 사라지고 전자책이 그 자리를 채워 갈 것 같아.

② 종이 책의 좋은 점도 있을 텐데 나쁜 점만 말하고 있어.

③ 글쓴이는 종이 책과 전자책을 비교하며 글을 썼어.

④ 종이 책이 사라질 것이라는 주장에 알맞은 까닭을 제시하고 있어.

 오늘 읽어 볼 글입니다. 차근차근 잘 읽고, 문제를 풀어 보세요.

20○○년 ○○월 ○○일 일요일, 아빠와 나는 서울의 유적지 탐방을 위해서 남산 공원을 다녀왔습니다. 출발할 때부터 기대감으로 가슴이 두근거렸습니다.

수원에서 지하철을 타고 동대 입구 역에 도착하여 6번 출구 쪽으로 나오니 남산 공원의 일부인 장충단 공원이 있었습니다. 장충단 공원에서 아빠와 나는 일본 군대와 맞서 싸우다 죽음을 맞이한 장병들의 영혼을 위로하기 위해 1900년에 만든 장충단 비를 보았습니다.

장충단 공원을 지나 아빠와 나는 아름답기로 유명한 남산 산책로를 걸으면서 소나무도 보고 아까시나무도 보았습니다. 정상에 도착하니 팔각정 앞에서 무술 공연을 하고 있었습니다. 무사들이 갑옷을 입고 진짜 칼을 들고 나와서 검술을 선보였습니다. 우리는 봉수대가 있는 쪽으로 갔습니다. 봉수대는 낮에는 연기로, 밤에는 불로 급한 소식을 전한 옛날 통신 수단이라고 합니다. 남산 꼭대기에 있는 N타워 주변에 수많은 자물쇠가 테라스 가득히 촘촘히 걸려 있는 것을 보았습니다. 이 자물쇠는 가족, 연인, 친구들이 영원한 사랑과 우정을 바라는 마음을 적어 테라스에 걸어 놓은 것이라고 하였습니다.

나는 서울 유적지 탐방을 통해 장충단 공원 안에 장충단 비가 있다는 것과 장충단 비가 세워진 이유를 새롭게 알게 되었습니다. 교과서에서만 보던 봉수대를 실제로 보고, 만져 볼 수 있어서 신기했습니다. 그리고, 사랑의 자물쇠가 걸린 테라스는 아주 낭만적으로 느껴졌습니다. 다시 남산 공원을 찾고 싶다는 생각이 들 정도로 좋은 경험이었습니다.

다음은 앞에서 읽은 글의 내용을 한눈에 볼 수 있도록 정리한 글밥지도입니다. 보기
에서 알맞은 말을 골라 빈칸을 채워 보세요. 그리고 글에 알맞은 제목과 글쓴이가
간 곳과 본 것을 선으로 이어 보세요.

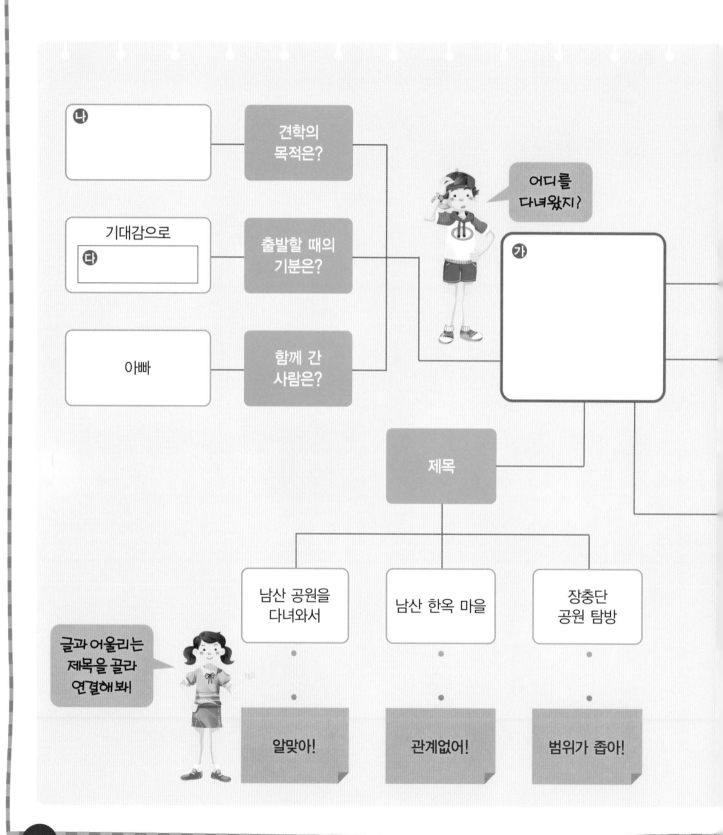

보기
① 놀이 공원
② 서울의 유적지 탐방
③ 남산 공원
④ 가슴이 두근거렸다.
⑤ 낭만적으로 느껴졌다.
⑥ 지저분하게 느껴졌다.
⑦ 봉수대
⑧ 장충단 비

새롭게 알게 된 것은?
- 장충단 공원 안에 장충단 비가 있다는 것
- 장충단 비가 세워진 이유

생각이나 느낌은?
- 라 　　　　　를 실제로 보고, 만져 볼 수 있어서 신기하였다.
- 사랑의 자물쇠가 걸린 테라스가 마
- 다시 남산 공원을 찾고 싶다는 생각이 들었다.

간 곳과 본 것
- 장충단 공원 → 소나무와 아까시 나무
- 남산 산책로 → 장충단 비
- 남산 정상 → 사랑의 자물쇠
- N타워 → 무술 공연과 봉수대

1 다음은 글쓴이가 자신이 쓴 글을 표로 정리한 것입니다. <u>잘못</u> 정리한 부분을 찾아 V표 해 보세요.

견학 제목	남산 공원을 다녀와서	
견학 날짜	20○○년 ○○월 ○○일 일요일	
견학 장소	① 남산 공원	☐
견학 목적	② 수원의 유적지 탐방을 위해서	☐
견학 기록	③ 장충단 공원 → 남산 산책로 → 팔각정 → 봉수대 → N타워	☐
느낀 점	④ 또 다른 유적지를 탐방하고 싶다.	☐

2 다음은 앞의 글을 읽은 친구들의 대화입니다. 이 글을 <u>잘못</u> 이해하고 있는 친구는 누구인가요?

① 이 글은 견학을 통해 보고 느끼고 생각한 점을 쓴 견학 기록문이야.

② 이 글을 읽으니 나도 예전에 견학하려고 출발했을 때 가슴이 두근거렸던 게 생각나.

③ 남산 공원을 다시 찾고 싶다고 한 것을 보니 이번 견학이 즐겁고 유익했나봐.

④ 이 견학의 목적은 서울의 유적지를 탐방하는 것인데 글쓴이는 왜 수원에 갔을까?

 오늘 읽어 볼 글입니다. 차근차근 잘 읽고, 문제를 풀어 보세요.

- 공연명 : '흥부와 놀부'
- 공연 날짜 : 20○○년 ○○월 ○○일~20○○년 ○○월 ○○일
- 공연 시간 : 평일 11시, 3시 / 주말 12시 30분, 2시
- 공연 관람료 : 어린이 6,000원 / 어른 10,000원
- 공연 장소 : ○○○ 극장
- 공연 문의와 예약 : 02-○○○-1234

　어린이 놀이마당 '흥부와 놀부'는 옛이야기인 '흥부와 놀부'를 새롭게 엮은 이야기입니다. 우리 고유의 음악과 감정을 자연스럽게 전달하고, 탈춤을 더하여 체험을 이끌어 내는 국악 놀이 공연입니다.

　흥부가 제비 다리를 고쳐 준 보답으로 금은보화가 가득한 박을 얻은 이야기를 들은 놀부는 일부러 제비 다리를 부러뜨립니다. 마침내 놀부는 제비에게서 박을 얻지만, 그 박에서는 도깨비가 나와서 놀부를 혼내 줍니다.

　○○○ 극장은 120석 규모의 작은 소극장입니다. 커다랗고 화려한 무대는 아니지만 관객들이 배우들과 함께 어울려 하나됨을 느낄 수 있는 곳입니다. 배우의 숨소리까지 들을 수 있어 소극장만의 색다른 느낌을 느낄 수 있습니다.

 다음은 앞에서 읽은 글의 내용을 한눈에 볼 수 있도록 정리한 글밥지도입니다. 보기 에서 알맞은 말을 골라 빈칸을 채워 보세요. 그리고 글에 알맞은 제목과 문단의 내용을 찾아 선으로 이어 보세요.

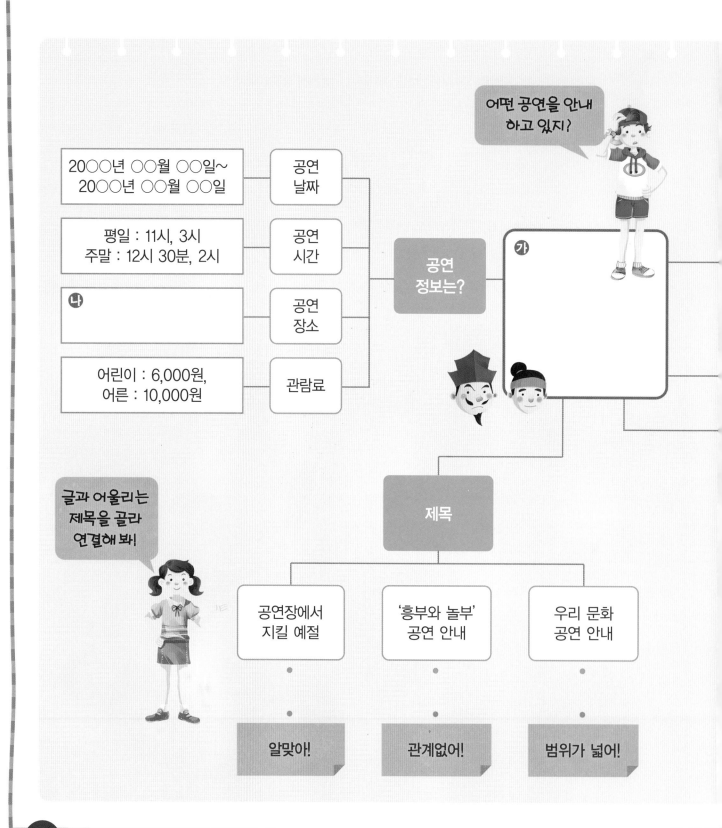

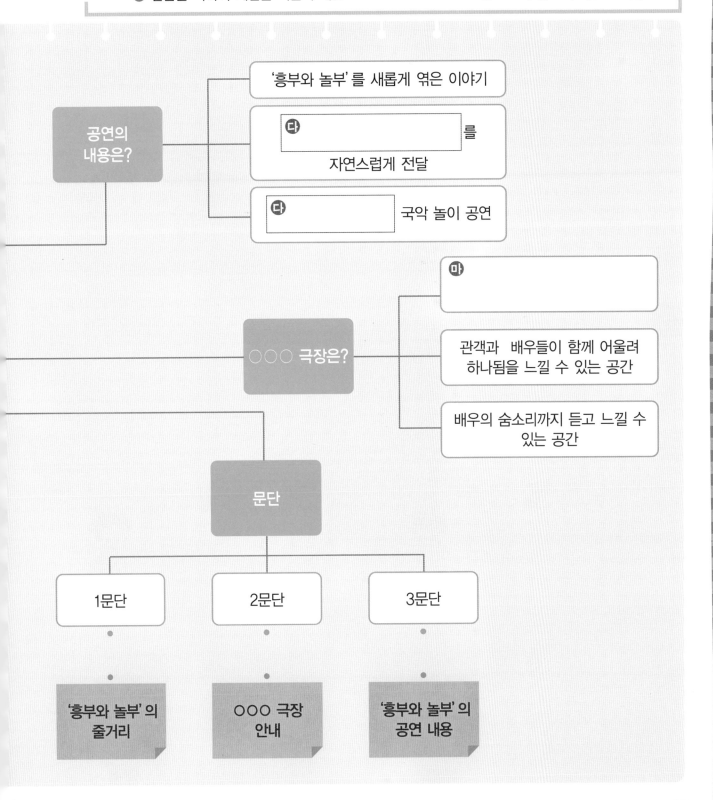

공연의 내용은?

'흥부와 놀부'를 새롭게 엮은 이야기

다 _____ 를 자연스럽게 전달

다 _____ 국악 놀이 공연

○○○ 극장은?

마 _____

관객과 배우들이 함께 어울려 하나됨을 느낄 수 있는 공간

배우의 숨소리까지 듣고 느낄 수 있는 공간

문단

1문단 · · '흥부와 놀부'의 줄거리

2문단 · · ○○○ 극장 안내

3문단 · · '흥부와 놀부'의 공연 내용

1 다음은 앞에서 소개한 공연의 입장권입니다. 빈칸에 들어갈 알맞은 말을 [보기] 에서 골라 입장권을 채워 주세요.

어린이 놀이마당

①

• 20○○년 ○○월 ○○일 오후 3시

• 관람료 : 어린이 ②

• 좌석 번호 : 가열 30번
• 극장명 : ○○○ 극장

• 문의와 예약 : ③

[보기]

| 흥부와 놀부 | 02-○○○-1234 | 6,000원 | 10,000원 |

2 다음은 앞의 글을 읽은 친구들의 대화입니다. 이 글을 <u>잘못</u> 이해하고 있는 친구는 누구인가요?

① 이 공연은 '흥부와 놀부'를 읽은 사람은 더 쉽게 이해할 수 있을 거야.

② 공연 날짜와 시간, 관람료 이 외에 공연장에 대한 소개 도 잘 나타나 있어.

③ 탈춤을 더하여 체험을 이끌 어 내는 공연이라니 색다른 느낌이 들 것 같아.

④ 어른들을 위한 국악 놀이 공연을 안내하는 글이야.

꼼꼼히 집중하여 읽기

 오늘 읽어 볼 글입니다. 차근차근 잘 읽고, 문제를 풀어 보세요.

병아리

윤동주

"뾰, 뾰, 뾰
엄마 젖 좀 주."
병아리 소리.

"꺽, 꺽, 꺽
오냐 좀 기다려."
엄마 닭 소리.

좀 있다가
병아리들은
엄마 품속으로
다 들어갔지요.

글밥지도 그리기

다음은 앞에서 읽은 글의 내용을 한눈에 볼 수 있도록 정리한 글밥지도입니다. 보기 에서 알맞은 말을 골라 빈칸을 채워 보세요. 그리고 각 연의 중요한 말을 찾아 선으로 이어 보세요.

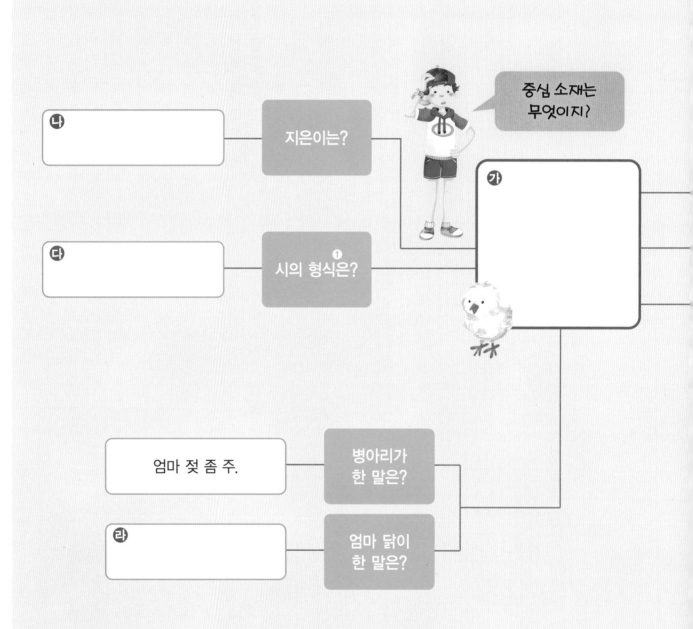

나

다

엄마 젖 좀 주.

라

지은이는?

시의 형식은? ❶

병아리가 한 말은?

엄마 닭이 한 말은?

중심 소재는 무엇이지?

가

❶ **시의 형식** : 시는 여러 행이 모여 이루어진 덩어리인 '연'과 시를 이루는 한 줄인 '행'으로 이루어짐

① 소리 ② 병아리 ③ 윤동주 ④ 좀 있다가
⑤ 오냐 좀 기다려. ⑥ 꺽, 꺽, 꺽 ⑦ 3연 10행 ⑧ 엄마 닭

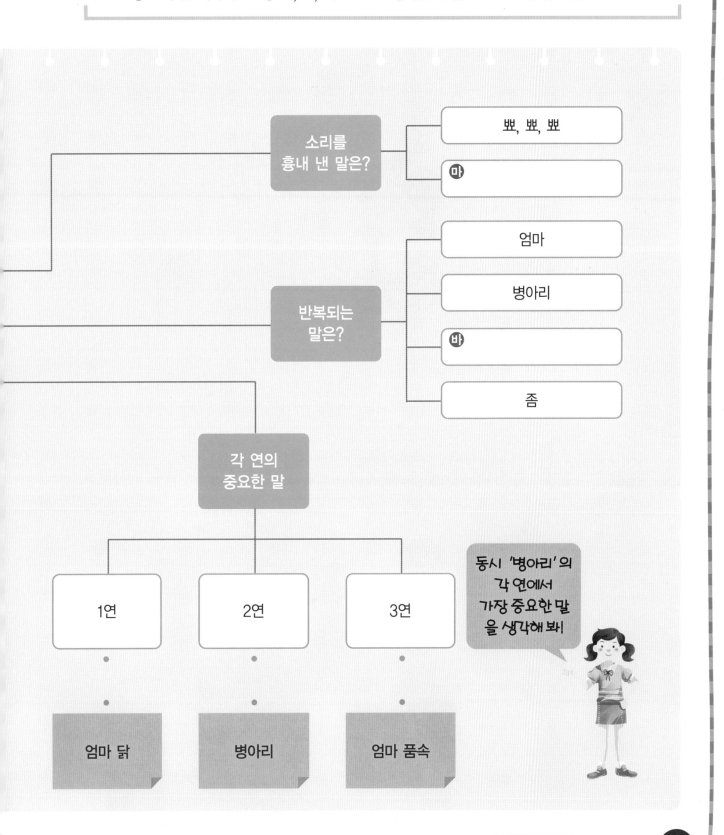

소리를 흉내 낸 말은?
뽀, 뽀, 뽀
㉮

반복되는 말은?
엄마
병아리
㉯
좀

각 연의 중요한 말

1연 2연 3연

동시 '병아리'의 각 연에서 가장 중요한 말을 생각해 봐!

엄마 닭 병아리 엄마 품속

1 다음은 앞의 시를 읽고 떠오르는 장면을 그린 그림입니다. 그림에서 느껴지는 느낌으로 바르지 <u>않은</u> 것을 찾아 ∨표 해 주세요.

| 귀엽다. | | 사랑스럽다. | | 포근하다. | | 징그럽다. | |

2 다음은 앞의 글을 읽은 친구들의 대화입니다. 이글을 <u>잘못</u> 이해하고 있는 친구는 누구인가요?

① 닭과 병아리가 말을 하다니 너무 과장해서 표현했어.

② 어미 닭과 귀여운 병아리들이 산책하는 모습이 떠올라.

③ 3연 10행으로 이루어진 짧은 시지만 포근함이 느껴지는 시야.

④ 엄마 닭과 병아리의 소리를 흉내 내는 말을 사용하여 재미있게 표현하였어.

14 꼼꼼히 집중하여 읽기

오늘 읽어 볼 글입니다. 차근차근 잘 읽고, 문제를 풀어 보세요.

가족 신문 **즐거운 우리집**

제1호 20○○년 ○○월 ○○일 ○요일

행사

어머니의 생신을 축하해요
아들과 딸이 행사 준비

우리 가족이 ○○월 ○○일 토요일 5시, 어머니의 생신을 축하하기 위하여 거실에서 검소하게 저녁 식사를 하기로 하였다.

오빠가 음식을 준비하고 내가 선물을 준비하기로 했다. 오빠는 "평소에 어머니께 고마운 마음을 표현하지 못하고, 집안일도 도와 드리지 못해 죄송했다."라고 말했다. 가족들은 이번 어머니의 생신 잔치를 계기로 어머니께 고마운 마음을 전하고 집안일도 도와 드리게 될 것이다. 이번 행사는 소박하지만 어머니를 위해 오빠와 내가 준비하는 최초의 생신 잔치이다.

구여운 기자

좋은 시

오줌싸개 지도
윤동주

빨랫줄에 걸어 논 / 요에다 그린 지도
지난밤에 내 동생 / 오줌 싸 그린 지도
꿈에 가 본 엄마 계신 / 별나라 지돈가?
돈 벌러 간 아빠 계신 / 만주 땅 지돈가?

쪽지

사랑하는 아들 호영에게

호영아, 어제 네가 이웃 어른들께 예절을 지키지 않아서 아빠한테 야단맞은 것 서운했지. 아빠는 네가 예의 바른 사람이 되길 바란단다. 그리고 아빠가 널 사랑한다는 것도 잊지 말길 바란다.

글밥지도 그리기

다음은 앞에서 읽은 글의 내용을 한눈에 볼 수 있도록 정리한 글밥지도입니다. 보기 에서 알맞은 말을 골라 빈칸을 채워 보세요. 그리고 신문에 실린 기사 중 행사 기사의 내용을 찾아 선으로 이어 보세요.

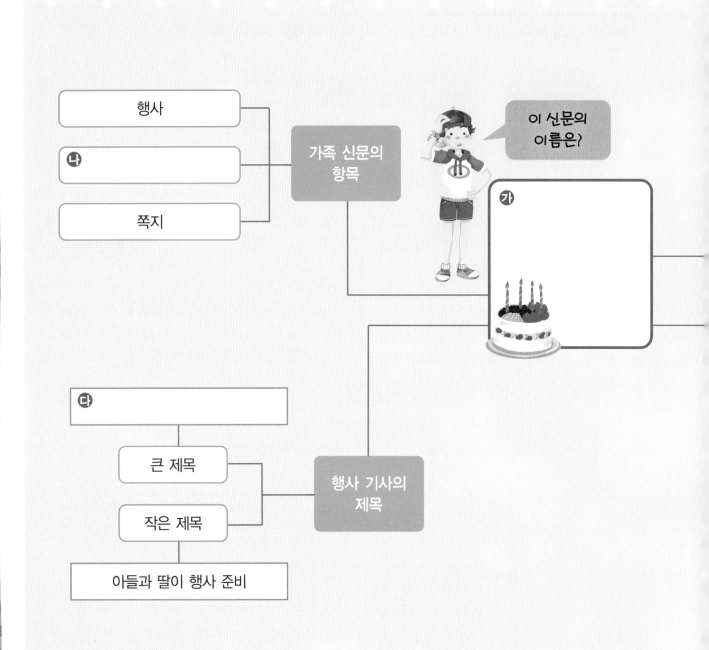

행사

나

쪽지

가족 신문의 항목

이 신문의 이름은?

가

다

큰 제목

작은 제목

행사 기사의 제목

아들과 딸이 행사 준비

보기

① 어머니의 생신을 축하해요 ② ○○일보 ③ 즐거운 우리집

④ 아들과 딸이 행사 준비 ⑤ 좋은 시 ⑥ 거실에서

⑦ 어머니의 생신을 축하하기 위하여 ⑧ 우리 가족이

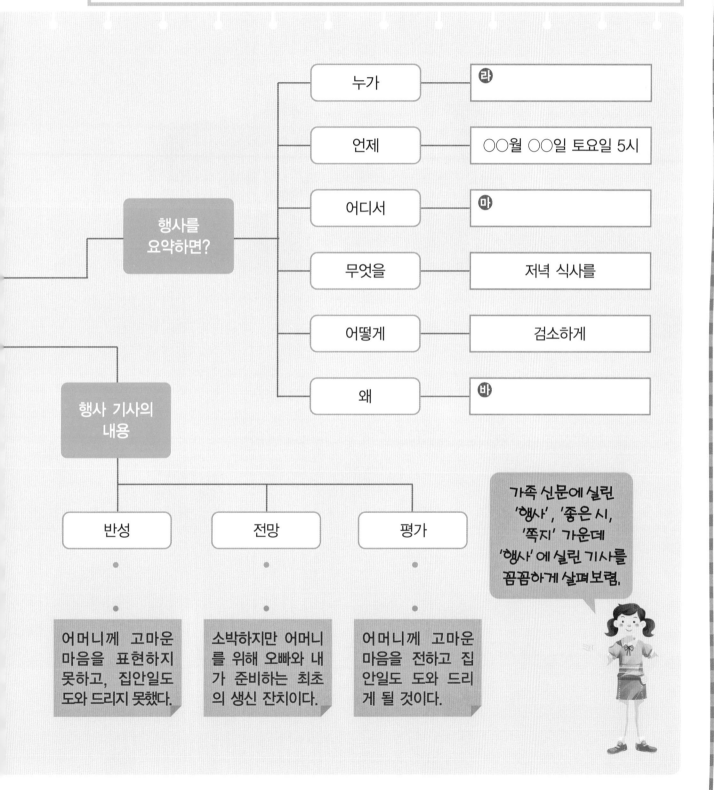

행사를 요약하면?

누가 — 라

언제 — ○○월 ○○일 토요일 5시

어디서 — 마

무엇을 — 저녁 식사를

어떻게 — 검소하게

왜 — 바

행사 기사의 내용

반성 · · 어머니께 고마운 마음을 표현하지 못하고, 집안일도 도와 드리지 못했다.

전망 · · 소박하지만 어머니를 위해 오빠와 내가 준비하는 최초의 생신 잔치이다.

평가 · · 어머니께 고마운 마음을 전하고 집안일도 도와 드리게 될 것이다.

가족 신문에 실린 '행사', '좋은 시, '쪽지' 가운데 '행사'에 실린 기사를 꼼꼼하게 살펴보렴.

1 다음은 가족 신문 〈즐거운 우리집〉 행사 기사에 실린 인터뷰 내용입니다. 글을 읽고, 기자가 어떤 질문을 했을지 <u>보기</u>에서 골라 답해 주세요.

어머니께 고마운 마음을 표현하지 못하고, 집안일도 도와 드리지 못해 죄송했습니다.

 보기

| 생신 잔치를 직접 준비한 이유가 무엇인가요? | 생신 잔치를 끝낸 느낌이 어떤가요? | 생신 잔치를 준비하면서 무엇이 가장 힘들었나요? |

2 다음은 앞의 글을 읽은 친구들의 대화입니다. 이 글을 <u>잘못</u> 이해하고 있는 친구는 누구인가요?

① 쪽지는 아빠가 아들에게 쓴 것임을 알 수 있어.

② 행사 기사의 내용이 잘 드러나게 썼네.

③ 가족들이 화목하게 지내기 위해 노력하는 모습을 알 수 있어.

④ 이 글은 행사 기사, 좋은 시, 쪽지 등이 담겨 있는 학급 신문이야.

오늘 읽어 볼 글입니다. 차근차근 잘 읽고, 문제를 풀어 보세요.

카네기는 1835년에 스코틀랜드에서 태어났어요. 아버지는 손으로 직물을 짜는 일을 했는데 큰돈을 벌지 못해 늘 가난했어요. 1848년에 카네기네 가족은 돈을 벌기 위해 미국의 펜실베이니아 주 앨러게니(지금의 피츠버그)로 갔어요.

카네기는 면직물 공장에서 일하다가 우체국에서 전보를 배달하는 일을 하게 되었는데 누구보다 성실하게 일해서 빠르고 정확한 배달원으로 소문이 났어요. 그는 일을 하다가 쉬는 시간이 생기면 전보를 받는 기계 앞에 앉아 기계 다루는 법도 익혔지요. 이렇게 카네기는 늘 미리 준비하고 새로운 것을 익히기를 게을리하지 않았어요.

그 무렵, 미국에서는 다리를 세우고 큰 건물을 짓고 철도를 놓는 일이 많았어요. 카네기는 곧 철강이 부족해질 것을 알아채고 자신의 공장을 세워 철강 사업에 뛰어들었어요. 그 덕분에 카네기는 '철강왕'이라는 별명을 얻고 많은 돈을 벌었어요.

"세상에서 번 돈은 세상에 돌려주는 것이 당연하지요."

은퇴 후, 카네기는 자선 사업에 온힘을 쏟았어요. 공공 도서관과 카네기 공과 대학을 설립하고, 노동자들을 위해 연금 제도를 마련했어요. 그 외에도 뉴욕 카네기 재단은 문화 발전을 위해 큰돈을 기부했지요. 자신이 번 돈을 사회에 돌려줄 줄 알았던 기업가 카네기는 1919년에 메사추세츠에서 숨을 거두었어요.

❶ **연금 제도** : 병이 들거나 나이가 들어 경제 활동 능력이 없어지거나 죽었을 때 그 사람 또는 가족의 생활을 위해 매년 일정한 돈을 주는 제도.

글밥지도
그리기

다음은 앞에서 읽은 글의 내용을 한눈에 볼 수 있도록 정리한 글밥지도입니다. 보기
에서 알맞은 말을 골라 빈칸을 채워 보세요. 그리고 글에 알맞은 제목과 일이 일어
난 순서를 찾아 선으로 이어 보세요.

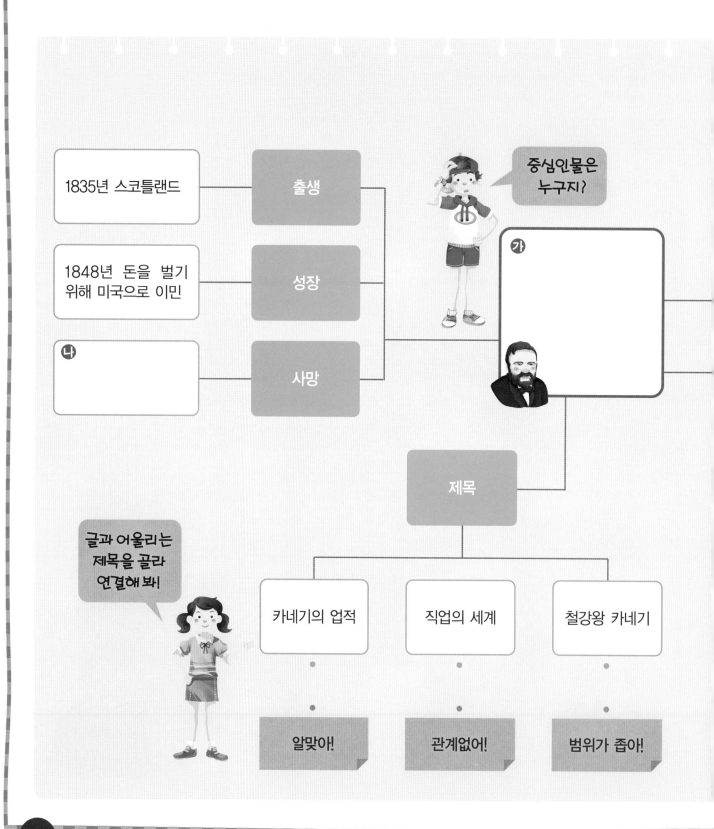

1835년 스코틀랜드 — 출생

1848년 돈을 벌기 위해 미국으로 이민 — 성장

나 — 사망

중심인물은 누구지?

가

제목

카네기의 업적   직업의 세계   철강왕 카네기

알맞아!   관계없어!   범위가 좁아!

글과 어울리는 제목을 골라 연결해 봐!

보기
❶ 철강 공장
❷ 면직물 공장
❸ 카네기
❹ 전보 배달원
❺ 1919년 메사추세츠
❻ 1835년
❼ 문화 발전
❽ 공공 도서관과 카네기 공과 대학

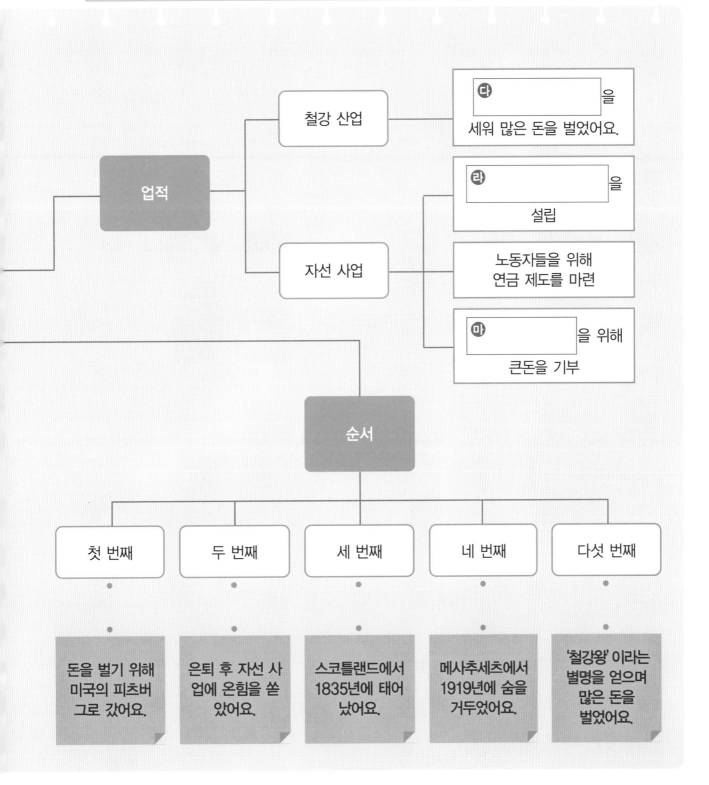

업적

철강 산업 — 다 _____ 을 세워 많은 돈을 벌었어요.

자선 사업
- 라 _____ 을 설립
- 노동자들을 위해 연금 제도를 마련
- 마 _____ 을 위해 큰돈을 기부

순서

첫 번째	두 번째	세 번째	네 번째	다섯 번째
돈을 벌기 위해 미국의 피츠버그로 갔어요.	은퇴 후 자선 사업에 온힘을 쏟았어요.	스코틀랜드에서 1835년에 태어났어요.	메사추세츠에서 1919년에 숨을 거두었어요.	'철강왕'이라는 별명을 얻으며 많은 돈을 벌었어요.

1 다음은 카네기가 한 말입니다. 카네기가 한 말을 보고, 말풍선 안에 카네기의 새로운 별명을 지어 보세요.

세상에서 번 돈은 세상에 돌려주는 것이 당연하지요.

2 다음은 앞의 글을 읽은 친구들의 대화입니다. 이 글을 <u>잘못</u> 이해하고 있는 친구는 누구인가요?

① 카네기는 집안이 너무 가난하여 미국으로 이민을 간 것이야.

② 자기가 번 돈을 세상에 돌려준 기업가로 카네기를 오래도록 기억하고 싶어.

③ 카네기는 미리 준비하고 새로운 것을 익히기를 게을리하지 않았어.

④ 카네기는 직물 공장을 세워 큰돈을 번 유명한 기업가야.

오늘 읽어 볼 글입니다. 차근차근 잘 읽고, 문제를 풀어 보세요.

나의 인터넷 카페를 소개합니다. 카페의 이름은 'mini-○○○○' 인데, 카페를 방문하고 싶으신 분은 주소창에 'http://cafe.○○○.net/mini-○○○○' 를 치시면 됩니다.

카페를 만든 까닭은 친구나 가족들에게 내가 알콩달콩, 우왕좌왕 사는 모습과 내 마음을 전하기 위해서입니다. 내 카페의 메뉴에는 '나의 하루', '독후감', '좋은 시', '사진이 있는 방' 등이 있습니다. '나의 하루' 에는 그날에 있었던 일을 일기 형식으로 쓴 글들이 있습니다. '독후감' 에는 책을 읽고 생각하거나 느낀 점을 적은 글들이 있고, '좋은 시' 에는 재미있는 전래 동요나 창작 동시들이 있습니다. '사진이 있는 방' 에는 최근의 내 모습과 내가 찍은 코믹 동영상이 있습니다.

내가 어떻게 살고, 무슨 생각을 하는지 알고 싶은 가족과 친구들은 내 카페의 회원이 되어 주세요. 회원 가입을 하려면 '카페지기가 가장 좋아하는 가수는?' 이라는 질문에 대답해야 합니다. 회원에 가입하면 카페에 실린 글을 읽을 수 있고, 자신의 글도 쓸 수 있으며, 다른 사람의 글에 답글도 달 수 있습니다. 또, 내 모습이 담긴 사진과 재미있는 동영상을 보며 한바탕 웃을 수도 있고, 회원 간에 채팅도 할 수 있습니다.

현재 카페에 가입한 회원 수는 15명으로 서로 많은 대화를 나누고 있습니다. 나를 사랑하고 아끼는 사람이라면 빨리 제 카페에 가입하여 좋은 글을 남겨 주세요.

① **카페지기** : 인터넷에 카페를 만들고 운영하는 사람

다음은 앞에서 읽은 글의 내용을 한눈에 볼 수 있도록 정리한 글밥지도입니다. 보기에서 알맞은 말을 골라 빈칸을 채워 보세요. 그리고 글에 알맞은 제목과 문단의 내용을 찾아 선으로 이어 보세요.

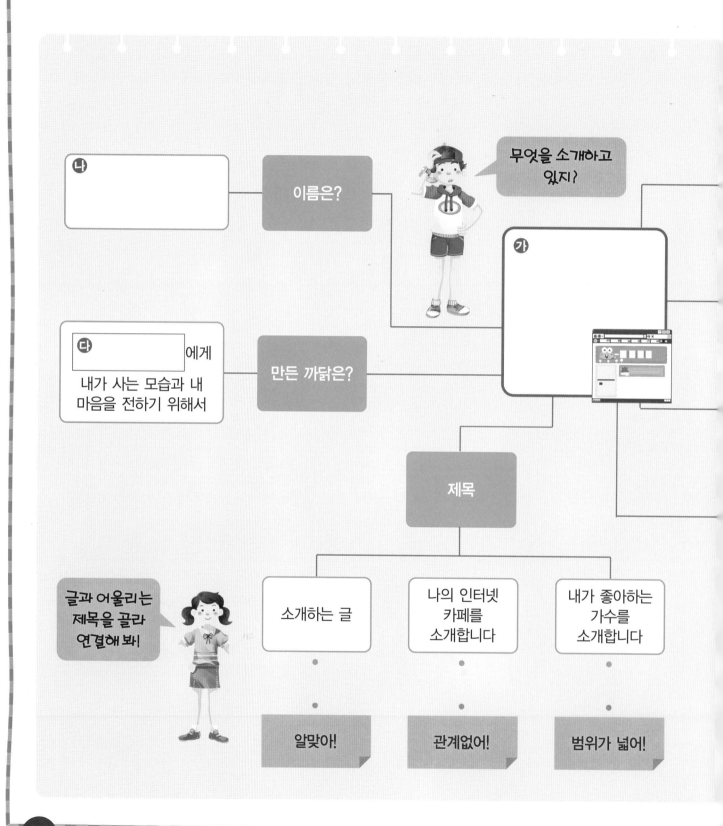

나

이름은?

무엇을 소개하고 있지?

가

다 에게
내가 사는 모습과 내 마음을 전하기 위해서

만든 까닭은?

제목

글과 어울리는 제목을 골라 연결해 봐!

소개하는 글

나의 인터넷 카페를 소개합니다

내가 좋아하는 가수를 소개합니다

알맞아!

관계없어!

범위가 넓어!

보기
① mini-○○○○
② 친구나 가족들
③ 카페의 주소
④ 나의 인터넷 카페
⑤ 글 읽기
⑥ 나의 하루
⑦ 카페지기가 가장 좋아하는 가수는?
⑧ 카페지기가 가장 좋아하는 동물은?

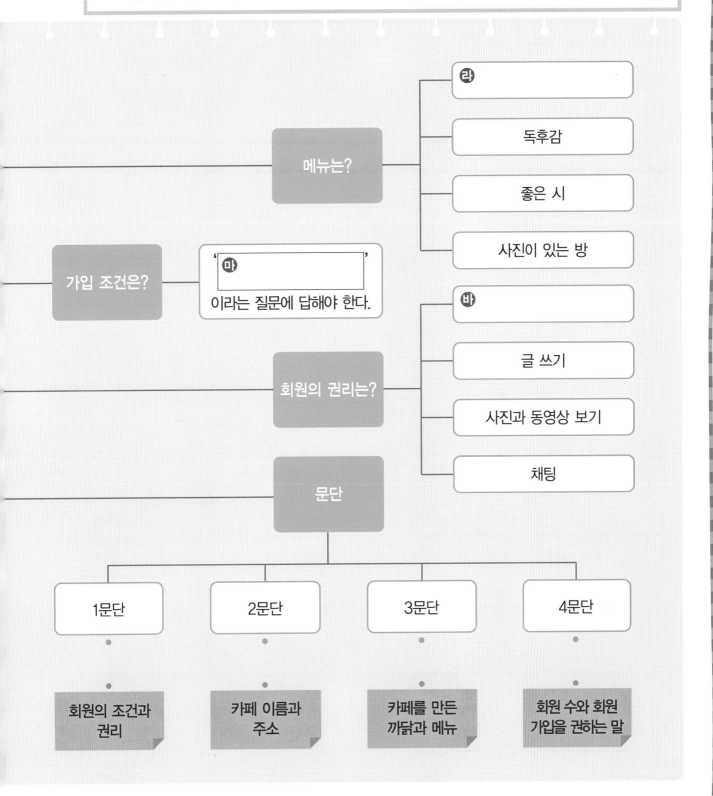

메뉴는?

라

독후감

좋은 시

사진이 있는 방

가입 조건은?

'마   '
이라는 질문에 답해야 한다.

회원의 권리는?

바

글 쓰기

사진과 동영상 보기

채팅

문단

1문단

2문단

3문단

4문단

회원의 조건과 권리

카페 이름과 주소

카페를 만든 까닭과 메뉴

회원 수와 회원 가입을 권하는 말

1 앞의 글을 읽고, 카페의 메뉴와 메뉴를 소개하는 말을 알맞게 선으로 이어 보세요.

① 나의 하루 •

② 독후감 •

③ 좋은 시 •

④ 사진이 있는 방 •

• ㉠ 책을 읽고 생각하거나 느낀 점을 적은 글

• ㉡ 그날에 있었던 일을 일기 형식으로 쓴 글

• ㉢ 최근의 내 모습과 내가 찍은 코믹 동영상

• ㉣ 재미있는 전래 동요나 창작 동시

2 다음은 앞의 글을 읽은 친구들의 대화입니다. 이 글을 <u>잘못</u> 이해하고 있는 친구는 누구인가요?

① 인터넷 카페를 소개하는 글로 카페를 만든 까닭이 잘 드러나 있어.

② 카페지기가 좋아하는 가수가 누구인지 모르는 사람은 가입할 수 없겠네.

③ 카페의 메뉴를 통해서 카페지기를 더 잘 이해할 수 있을 것 같아.

④ 카페 주소만 알면 카페지기가 쓴 글을 모두 볼 수 있겠네.

오늘 읽어 볼 글입니다. 차근차근 잘 읽고, 문제를 풀어 보세요.

옛날, 어느 마을에 숯 장수가 살고 있었습니다. 어느 날, 숯 장수는 산길을 가다가 살살 부치면 코가 길어지는 빨간 부채와 살살 부치면 코가 쑥쑥 줄어드는 파란 부채를 주웠습니다. 숯 장수는 신기한 요술 부채를 들고 집으로 돌아왔습니다.

며칠 뒤, 숯 장수는 같은 마을에 사는 구두쇠 영감을 혼내 주고 싶었습니다. 숯 장수는 구두쇠 영감에게 다가가 얼굴에 빨간 부채로 부채질을 했습니다. 그러자 구두쇠 영감의 코가 길어졌습니다. 구두쇠 영감은 무서워서 벌벌 떨었습니다. 그러고는 어리석게도 자기 병을 고치는 사람에게 재산의 절반을 주겠다고 하였습니다. 다시 며칠 뒤, 숯 장수는 파란 부채를 들고 구두쇠 영감을 찾아갔습니다. 숯 장수는 파란 부채를 살살 부쳐 구두쇠 영감의 코를 고치고 큰 부자가 되었습니다.

부자가 된 숯 장수는 날마다 부채로 코를 늘였다 줄였다 하며 장난을 쳤습니다. 어느 날, 호기심이 가득한 눈빛으로 숯 장수는 빨간 부채를 계속해서 부쳤습니다.

"코야, 코야, 길어져서 하늘나라까지 닿아라!"

결국 숯 장수의 코는 옥황상제가 있는 하늘나라에 닿았습니다. 깜짝 놀란 옥황상제가 선녀들에게 말하였습니다.

"저 이상한 것이 무엇이냐? 잡아당겨 보아라!"

선녀들이 숯 장수의 코를 잡아당기기 시작하였습니다. 깜짝 놀란 숯 장수는 파란 부채로 열심히 부채질을 하여 코를 원래대로 해 놓아 겨우 목숨을 구했습니다.

"하마터면 큰일 날 뻔했군. 이 이상한 부채를 당장 없애야겠다."

혼쭐이 난 숯 장수는 요술 부채를 아무도 모르게 땅속 깊이 묻었습니다.

글밥지도 그리기

다음은 앞에서 읽은 글의 내용을 한눈에 볼 수 있도록 정리한 글밥지도입니다. 보기 에서 알맞은 말을 골라 빈칸을 채워 보세요. 그리고 글에 알맞은 제목과 이야기의 순서를 찾아 선으로 이어 보세요.

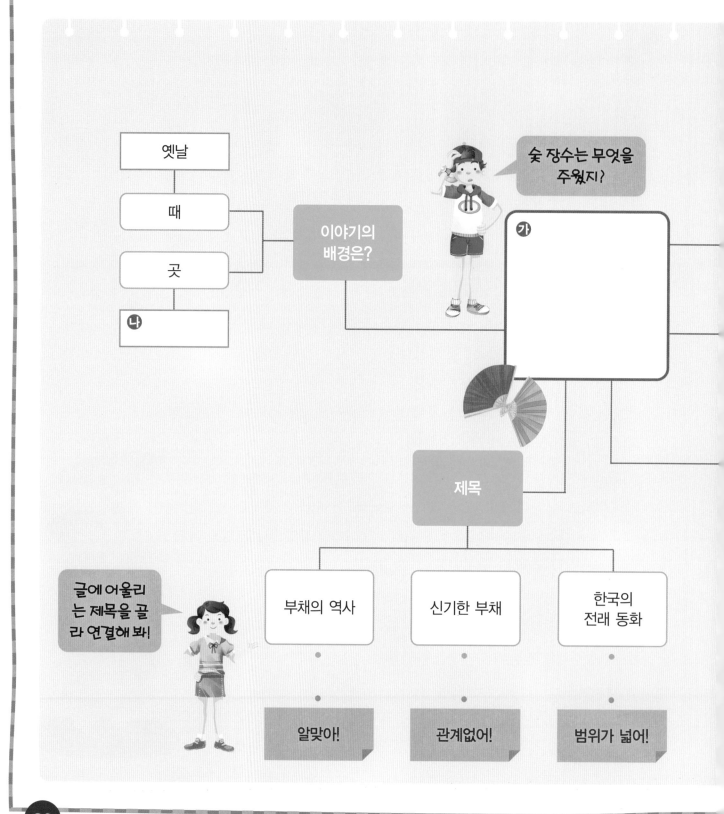

옛날

때

곳

나

이야기의 배경은?

숯 장수는 무엇을 주웠지?

가

제목

부채의 역사

신기한 부채

한국의 전래 동화

알맞아!

관계없어!

범위가 넓어!

글에 어울리는 제목을 골라 연결해 봐!

보기

❶ 어느 마을　　　　❷ 호기심이 많다.　　　　❸ 겁이 많고 어리석다.

❹ 두메 산골　　　　❺ 부채　　　　　　　　❻ 코가 길어진다.

❼ 코가 줄어든다.　　❽ 옛날

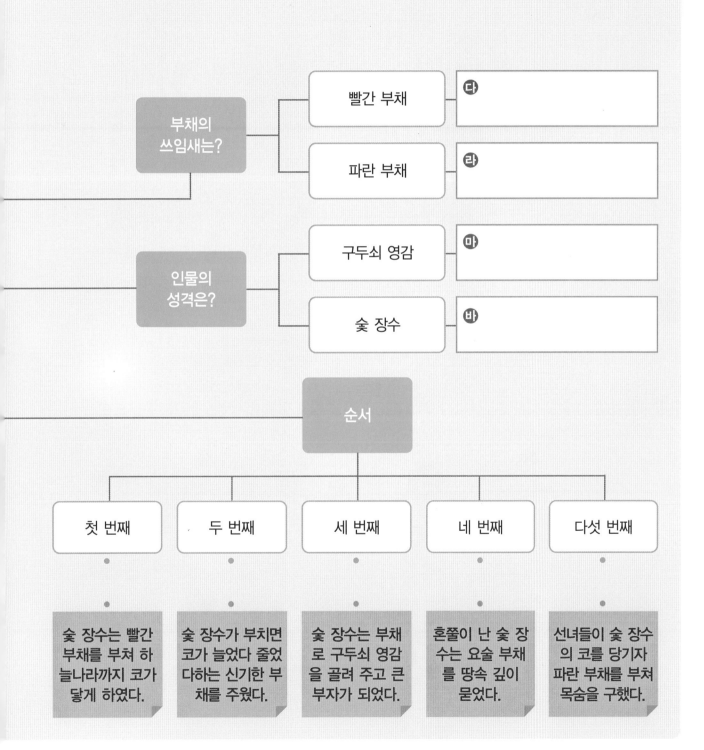

부채의
쓰임새는?

빨간 부채 ── 다

파란 부채 ── 라

인물의
성격은?

구두쇠 영감 ── 마

숯 장수 ── 바

순서

첫 번째	두 번째	세 번째	네 번째	다섯 번째
숯 장수는 빨간 부채를 부쳐 하늘나라까지 코가 닿게 하였다.	숯 장수가 부치면 코가 늘었다 줄었다하는 신기한 부채를 주웠다.	숯 장수는 부채로 구두쇠 영감을 골려 주고 큰 부자가 되었다.	혼쭐이 난 숯 장수는 요술 부채를 땅속 깊이 묻었다.	선녀들이 숯 장수의 코를 당기자 파란 부채를 부쳐 목숨을 구했다.

1 다음은 앞에서 읽은 이야기의 중요한 장면입니다. 각각의 장면에서 숯 장수는 어떤 생각을 하고 있을까요? 보기 에서 골라 답해 보세요.

①

②

 보기

부채야, 고맙다. 네 덕에 좋은 집도 생기고 좋은 옷도 입게 되었구나!

부채, 너 때문에 내가 크게 다칠 뻔했지 뭐냐. 이 나쁜 것!

2 다음은 앞의 글을 읽은 친구들의 대화입니다. 이 글을 <u>잘못</u> 이해하고 있는 친구는 누구인가요?

① 숯 장수에게 쉽게 속아 넘어 가는 걸 보니 구두쇠 영감은 어리석은 사람이야.

② 구두쇠 영감의 코를 줄어들 게 한 것을 보면 숯 장수는 인정이 많아.

③ 이 이야기는 장난이 심하면 큰 어려움을 겪을 수도 있다 는 교훈을 주고 있어.

④ 숯 장수가 요술 부채를 땅에 묻은 걸 보니 단단히 혼쭐이 난 것 같아.

오늘 읽어 볼 글입니다. 차근차근 잘 읽고, 문제를 풀어 보세요.

숲 해설가 선생님을 따라서 모둠 친구들과 서울에 있는 선유도 공원에 갔다. 그동안 공부한 식물을 직접 눈으로 볼 생각에 조금 흥분되었다. 기차를 타고 서울 역에서 내려 지하철 9호선을 타고 선유도 역에 도착하였다. 2번 출구 쪽으로 나와서 한강 방향으로 걸어가니 선유도 공원이 보였다.

우리는 먼저 '시간의 정원'으로 갔다. 정원에는 나무와 풀, 꽃 등 다양한 식물을 나눠 심어 놓았다.

다음은 '수생 식물원'으로 갔다. 물봉선과 쇠뜨기, 수련, 검정말 등 각종 수생[1] 식물이 심어져 있었다.

'녹색 기둥의 정원'은 담쟁이로 뒤덮인 기둥이 사색과 휴식의 공간을 만들어 주었다. 마치 예술품 같기도 한 이 기둥을 보면서 이곳의 옛 모습을 상상해 보기도 하였다.

'한강 전시관'에서는 한강의 생태계와 한강을 주제로 한 지도, 시민의 생활상을 전시하고 있다. 또, 한강을 관리한 역사가 일목요연[2]하게 정리되어 있어 한강의 역사를 한눈에 볼 수 있었다.

오늘 견학을 통해 선유도 공원이 옛 정수장을 활용한 국내 최초의 재활용 생태 공원으로 2002년에 문을 열었다는 사실을 새롭게 알았다. 또, 선유도의 뜻이 '신선이 노닌 섬'이라는 것도 알았다. 선유도 공원은 아름답기도 하지만 한강의 생태와 역사를 보고 배울 수 있는 훌륭한 배움터라는 생각이 들었다.

❶ **수생** : 물속에서 사는 생물

❷ **일목요연** : 한 번 보고 대번에 알 수 있을 만큼 분명하고 뚜렷한

다음은 앞에서 읽은 글의 내용을 한눈에 볼 수 있도록 정리한 글밥지도입니다. 보기에서 알맞은 말을 골라 빈칸을 채워 보세요. 그리고 글에 알맞은 제목과 글쓴이가 간 곳과 본 것을 선으로 이어 보세요.

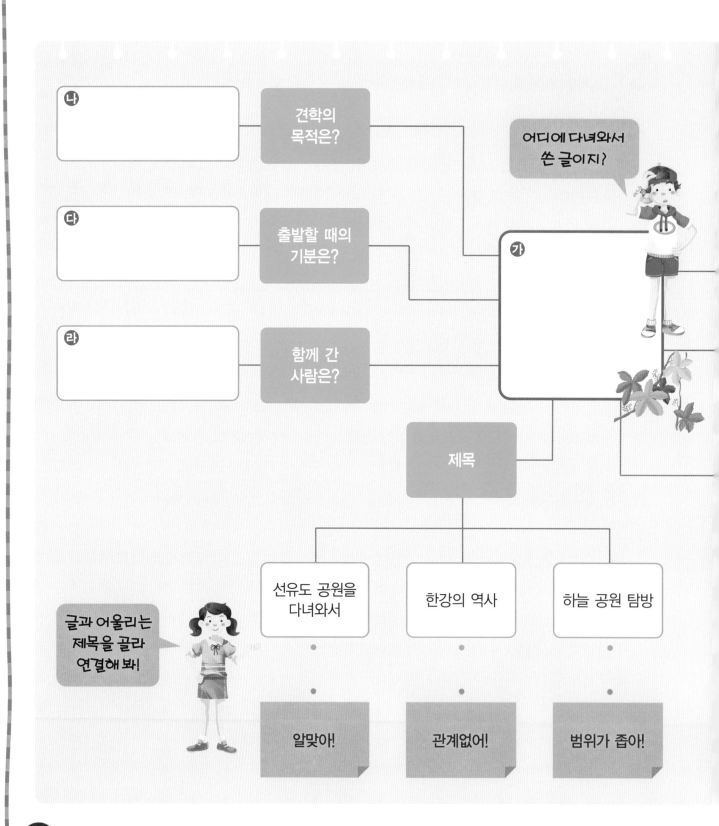

나

다

라

견학의 목적은?

출발할 때의 기분은?

함께 간 사람은?

어디에 다녀와서 쓴 글이지?

가

제목

글과 어울리는 제목을 골라 연결해 봐!

선유도 공원을 다녀와서

한강의 역사

하늘 공원 탐방

알맞아!

관계없어!

범위가 좁아!

보기

① 그동안 공부한 식물을 직접 눈으로 보기 위해   ② 조금 흥분되었다.

③ 선유도 공원   ④ 숲 해설가 선생님과 모둠 친구들   ⑤ 신선이 노닌 섬

⑥ 한강의 생태와 역사   ⑦ 천연기념물   ⑧ 한강

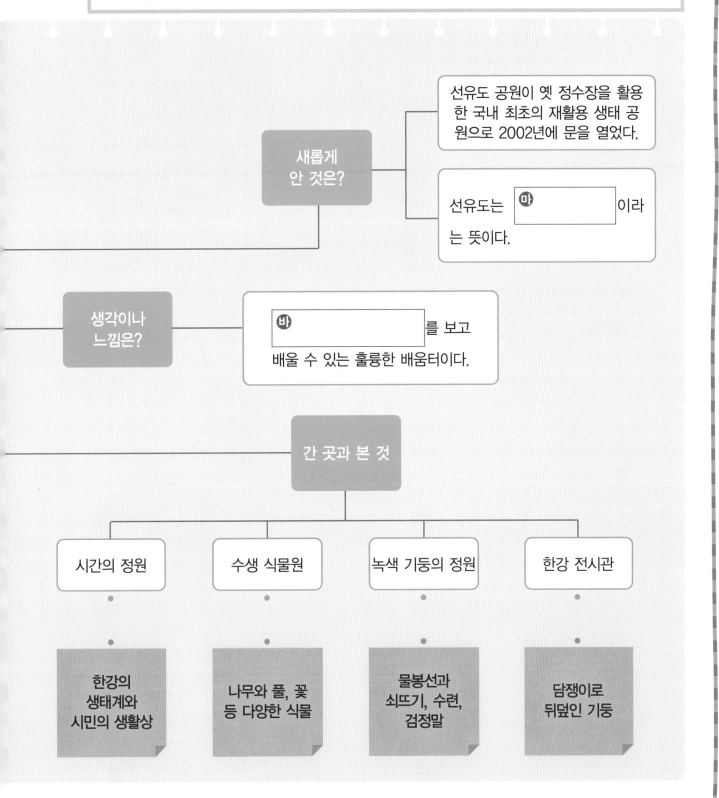

새롭게 안 것은?

선유도 공원이 옛 정수장을 활용한 국내 최초의 재활용 생태 공원으로 2002년에 문을 열었다.

선유도는 ㉤ [   ]이라는 뜻이다.

생각이나 느낌은?

㉥ [   ]를 보고 배울 수 있는 훌륭한 배움터이다.

간 곳과 본 것

시간의 정원	수생 식물원	녹색 기둥의 정원	한강 전시관
한강의 생태계와 시민의 생활상	나무와 풀, 꽃 등 다양한 식물	물봉선과 쇠뜨기, 수련, 검정말	담쟁이로 뒤덮인 기둥

1 아래 그림을 보고 수생 식물원의 특징을 생각해 보세요. 그리고 '정원'이란 말을 넣어 수생 식물원의 이름을 새로 지어 써 보세요.

> '수생 식물원'의 이름도
> '시간의 정원'이나
> '녹색 기둥의 정원'처럼
> '정원'이란 말이
> 들어가면 좋겠어.

정원

2 다음은 앞의 글을 읽은 친구들의 대화입니다. 이 글을 <u>잘못</u> 이해하고 있는 친구는 누구인가요?

① 이 글은 견학 장소에서 본 것과 느끼고 생각한 점을 쓴 견학 기록문이야.

② 나도 새로운 곳을 방문하기 전에는 많이 흥분돼.

③ 정수장 시설에 대해 자세히 알아보기 위해 선유도 공원에 갔어.

④ 수생 식물을 관찰하고 싶으면 선유도 공원에 가면 되겠군.

꼼꼼히 집중하여 읽기

글의 갈래	**주장하는 글**
걸린 시간	분 초

 오늘 읽어 볼 글입니다. 차근차근 잘 읽고, 문제를 풀어 보세요.

독립 운동가 안중근 선생님은 "하루라도 책을 읽지 않으면 입안에 가시가 돋는다."라고 말씀하시면서 책 읽기의 중요성을 강조하셨습니다. 하지만 우리나라의 어린이들은 인터넷, 텔레비전, 학교 공부와 학원 때문에 책 읽는 시간이 줄어들고 있습니다. 하지만 정보화 시대를 살아갈 어린이들에게 책 읽기는 점점 더 중요해지고 있습니다.

책 읽기는 언어를 발달시킵니다. 책 읽기를 통해 낱말을 익혀 낱말이 담고 있는 뜻을 풍부하고 깊게 알게 되어 언어를 자유롭게 쓸 줄 알게 됩니다. 또, 책 읽기는 직접 경험할 수 없는 세계를 소개해 폭넓고 깊이 있는 삶을 간접적으로 체험할 수 있게 해 주기도 합니다. 그리고 책 읽기를 하면서 글쓴이의 생각에 공감도 하고 비판도 하면서 사고력을 키울 수도 있습니다. 특히, 책 읽기는 현대 사회를 살아가는 데 없어서는 안 될 지식과 정보를 얻는 수단입니다. 책 읽기를 통해 많은 지식을 얻을 수 있기 때문입니다. 또한 책 읽기는 재미있어서 책을 읽는 것 자체가 우리에게 즐거움을 주기도 합니다.

현대 사회는 날이 갈수록 복잡해지고 있습니다. 그에 따라 알아야 할 정보의 양도 많아졌습니다. 21세기 정보화 시대에서 책 읽기는 권장❶ 사항이 아니라 필수❷ 사항입니다. 그러므로 어린이들은 책을 많이 읽어야 합니다.

❶ 권장 : 권하고 북돋아 줌

❷ 필수 : 반드시 해야 함

다음은 앞에서 읽은 글의 내용을 한눈에 볼 수 있도록 정리한 글밥지도입니다. 보기
에서 알맞은 말을 골라 빈칸을 채워 보세요. 그리고 글에 알맞은 제목과 문단의 내
용을 찾아 선으로 이어 보세요.

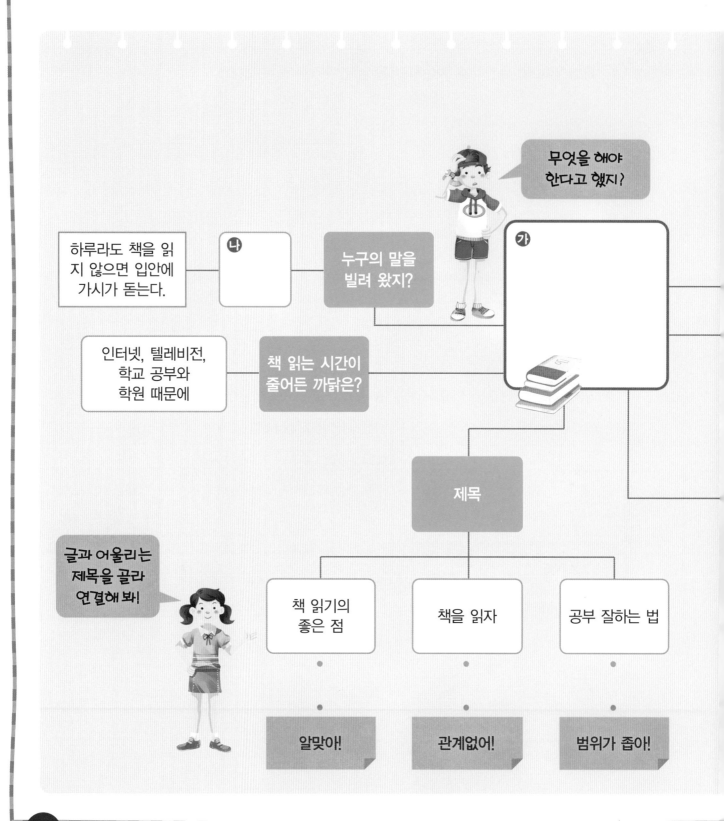

무엇을 해야
한다고 했지?

하루라도 책을 읽
지 않으면 입안에
가시가 돋는다.

나

누구의 말을
빌려 왔지?

가

인터넷, 텔레비전,
학교 공부와
학원 때문에

책 읽는 시간이
줄어든 까닭은?

제목

글과 어울리는
제목을 골라
연결해 봐!

책 읽기의
좋은 점

책을 읽자

공부 잘하는 법

알맞아!

관계없어!

범위가 좁아!

언어를 발달시킨다.

다 [   ]을
간접적으로 체험할 수 있다.

좋은 점은?

사고력을 키울 수 있다.

라 [   ]를 얻는
수단이 된다.

즐거움을 얻을 수 있다.

**이 글의
주장은?**　　　**마** [   ]

문단

1문단　　　2문단　　　3문단

책 읽기의
좋은 점　　　책 읽기의
중요성　　　책을 많이 읽을
것을 주장

1 다음은 글쓴이가 제기한 문제와 주장을 정리한 것입니다. 그 주장을 뒷받침해 줄 수 있는 까닭으로 알맞은 것을 골라 ○표 해 보세요.

문제 제기	정보화 시대를 살아갈 어린이들에게 책 읽기는 점점 더 중요해지고 있으나 책 읽는 시간이 점점 줄어들고 있다.	
주장	책을 많이 읽자.	
까닭	① 책 읽기는 언어를 발달시킨다.	
	② 책 읽기는 폭넓고 깊이 있는 삶을 간접적으로 체험할 수 있게 해 준다.	
	③ 책 읽기는 인터넷이나 텔레비전 프로그램보다 흥미가 떨어진다.	
	④ 책 읽기를 통해 사고력을 키울 수 있다.	

2 다음은 앞의 글을 읽은 친구들의 대화입니다. 이 글을 <u>잘못</u> 이해하고 있는 친구는 누구인가요?

① 책 읽기의 중요성을 강조한 안중근 선생님의 말을 적절하게 빌려왔어.

② 21세기 정보화 시대를 살아갈 어린이들에게 책 읽기는 권장 사항이 아니라 필수 사항이래.

③ 인터넷이나 텔레비전으로 재미있게 지식과 정보를 얻을 수 있기 때문에 이제 책은 읽지 않아도 괜찮아.

④ 글쓴이는 책을 읽자는 주장에 알맞은 까닭을 제시하고 있어.

오늘 읽어 볼 글입니다. 차근차근 잘 읽고, 문제를 풀어 보세요.

오늘 같은 반 친구들과 함께 영화관에 가서 제임스 캐머런 감독의 '아바타'를 보았다. 누나가 이 영화를 꼭 보라고 추천해서 보게 되었다.

지구의 에너지를 모두 사용한 지구인들은 '판도라'라는 행성에서 에너지를 대신할 자원을 캐려 한다. 판도라의 공기에 독성이 있어서 지구인들은 판도라에 사는 '나비족'의 모습에 인간의 정신을 넣어 멀리서 조종할 수 있는 '아바타'를 만들어 낸다. 주인공 '제이크'는 이 아바타가 되어 맡은 일을 하던 중 '나비족'의 여전사 '네이티리'를 만나 서로 사랑하게 된다. 그리고 '나비족'을 도와 지구인들이 판도라에서 자원을 캐는 일을 막는다.

이 영화에서 가장 인상 깊었던 장면은 판도라에 있는 산들이 공중에 둥둥 떠서 계속 움직이는 장면이었다. 실제로 가능한 일인지 궁금하기도 하고 신기하기도 했다.

이 영화는 그동안 보았던 영화와 달리 새로운 점이 많았다. 영화관에 입장할 때, 안경을 하나씩 주는데 이 안경을 끼면 화면이 입체적으로 보인다. 또, 주인공이 헬리콥터를 타고 움직이거나 높은 곳에서 떨어지는 장면이 나올 때에는 의자가 함께 움직여서 영화를 보는 재미를 더해 주었다. 또, 향기가 나는 장면에서는 영화관 안으로 향기가 뿜어져 나왔다.

이 영화를 보고 나오면서 '미래의 영화는 어떻게 변할까?' 하는 궁금증이 생겼다. '지금보다 더 발달해서 영화 속 주인공이 겪는 일을 그대로 생생하게 체험하지 않을까?' 하는 생각도 해 보았다. 영화도 재미있었지만 '입체 영화'라는 새로운 경험을 해서 매우 즐거웠다.

다음은 앞에서 읽은 글의 내용을 한눈에 볼 수 있도록 정리한 글밥지도입니다. 보기 에서 알맞은 말을 골라 빈칸을 채워 보세요. 그리고 글에 알맞은 제목을 찾아 선으로 이어 보세요.

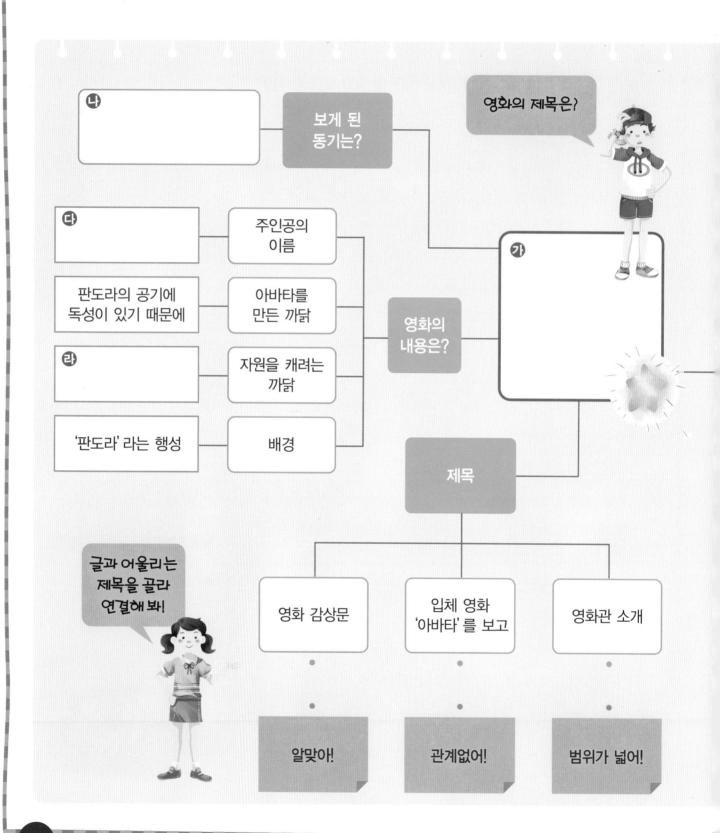

나

보게 된 동기는?

영화의 제목은?

다

주인공의 이름

가

판도라의 공기에 독성이 있기 때문에

아바타를 만든 까닭

영화의 내용은?

라

자원을 캐려는 까닭

'판도라' 라는 행성

배경

제목

글과 어울리는 제목을 골라 연결해 봐!

영화 감상문

입체 영화 '아바타' 를 보고

영화관 소개

알맞아!

관계없어!

범위가 넓어!

보기

① 아바타
② 산들이 공중에 둥둥 떠서 계속 움직이는 장면
③ 제이크
④ 누나가 꼭 보라고 추천해서
⑤ 제임스 케머런
⑥ 지구의 에너지를 모두 사용해서
⑦ 입체 영화
⑧ 화면이 입체적으로 보인다.

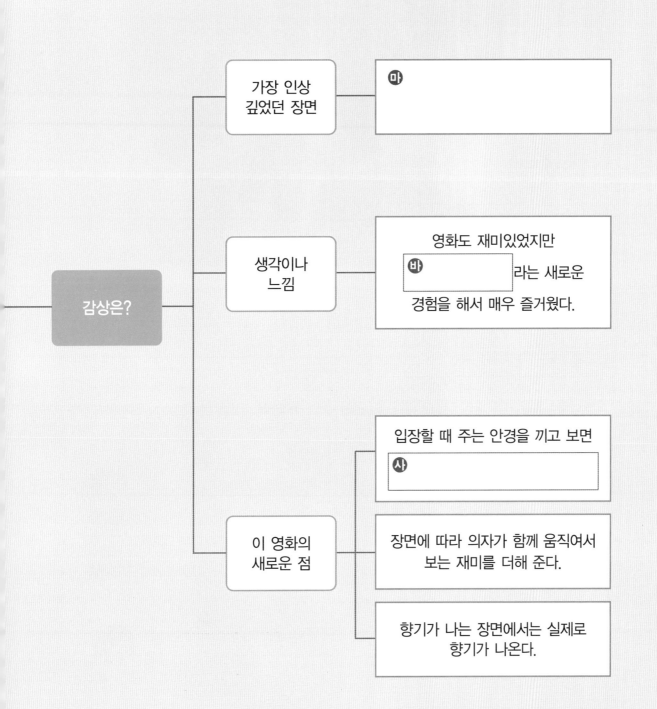

감상은?

가장 인상 깊었던 장면 — 마

생각이나 느낌 — 영화도 재미있었지만 바 라는 새로운 경험을 해서 매우 즐거웠다.

이 영화의 새로운 점

입장할 때 주는 안경을 끼고 보면 사

장면에 따라 의자가 함께 움직여서 보는 재미를 더해 준다.

향기가 나는 장면에서는 실제로 향기가 나온다.

1 다음은 입체 영화를 감상하고 있는 글쓴이와 친구들의 모습입니다. 글쓴이의 마음으로 알맞지 <u>않은</u> 것을 골라 ∨표 해 주세요.

| 환상적이다. | | 지루하다. | | 생생하다. | | 신기하다. | |

2 다음은 앞의 글을 읽은 친구들의 대화입니다. 이 글을 <u>잘못</u> 이해하고 있는 친구는 누구인가요?

① 이 글은 영화를 본 뒤 느낀 점과 생각을 쓴 영화 감상문이야.

② 영화 제목, 감독과 주인공 이름, 줄거리와 생각이나 느낌 등을 잘 정리해서 썼어.

③ 지구인이 아바타를 이용해서 판도라를 정복하고 승리한다는 내용이구나.

④ 화면이 입체로 보이고 장면에 따라 의자가 움직이는 영화라면 무척 재미있을 것 같아.

꼼꼼히 집중하여 읽기

글의 갈래	**초대하는 글**
걸린 시간	분 초

 오늘 읽어 볼 글입니다. 차근차근 잘 읽고, 문제를 풀어 보세요.

학부모님께

안녕하십니까?

추운 겨울이 가고 봄이 오듯이, 6년 전 엄마 손을 잡고 ○○ 초등학교에 입학했던 6학년 선배님들이 이제 몸과 마음이 쑥쑥 자라 졸업을 앞두게 되었습니다.

20○○년 ○○월 ○○일 오전 10시, ○○ 초등학교 강당에서 우리 선배님들이 씩씩한 모습으로 부모님들 앞에서 졸업식으로 인사드린다고 합니다. 저희 4학년들의 시 낭송과 5학년 선배님들의 합창도 준비되어 있습니다.

바쁘시더라도 참석하셔서 선배님들의 졸업을 축하해 주시기 바랍니다. 더 넓은 세상으로 첫발을 내딛고 끝없이 피어날 우리 선배님들의 앞날을 축복해 주십시오.

20○○년 ○○월 ○○일

○○ 초등학교 어린이 일동

• 오시는 길 : 지하철 ○○역 1번 출구에서 200미터

• 문의 : ○○초등학교 교무실 ☎ : 02-000-1357

다음은 앞에서 읽은 글의 내용을 한눈에 볼 수 있도록 정리한 글밥지도입니다. 보기 에서 알맞은 말을 골라 빈칸을 채워 보세요. 그리고 글에 알맞은 제목과 구성에 맞게 선으로 이어 보세요.

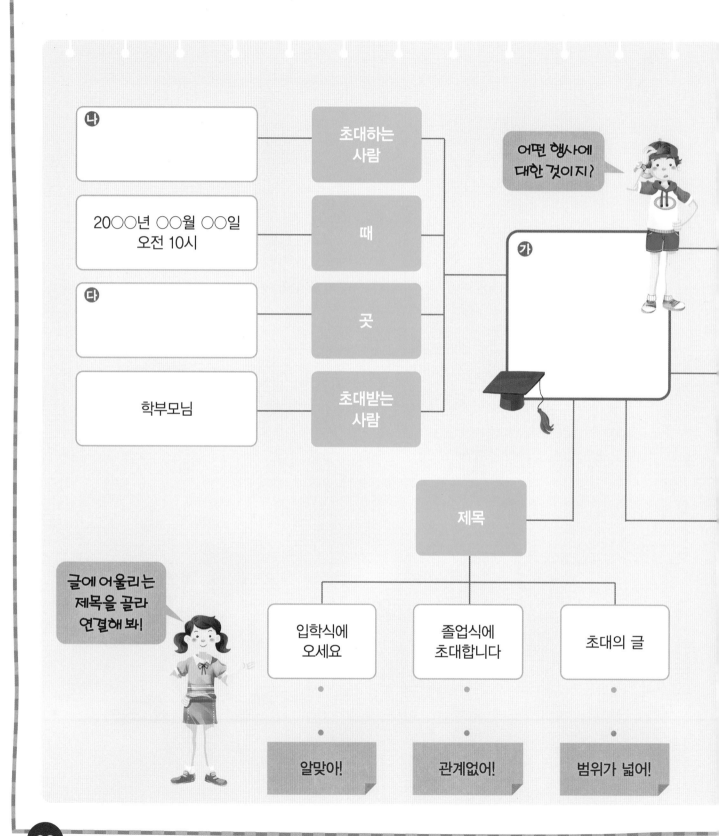

나

초대하는 사람

20○○년 ○○월 ○○일 오전 10시

때

어떤 행사에 대한 것이지?

다

곳

가

학부모님

초대받는 사람

제목

글에 어울리는 제목을 골라 연결해 봐!

입학식에 오세요

졸업식에 초대합니다

초대의 글

알맞아!

관계없어!

범위가 넓어!

보기
① ○○초등학교 운동장   ② ○○초등학교 강당   ③ ○○초등학교 교장
④ ○○초등학교 어린이 일동   ⑤ 졸업식   ⑥ 입학식
⑦ 앞날을 축복하기 위하여   ⑧ 졸업식으로 인사드린다고 합니다.

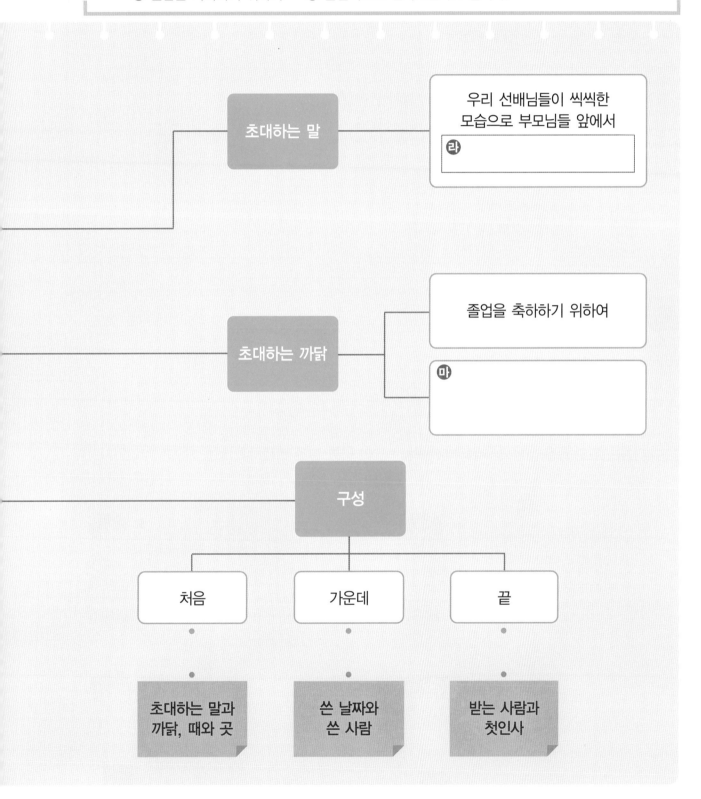

초대하는 말

우리 선배님들이 씩씩한
모습으로 부모님들 앞에서
라

초대하는 까닭

졸업을 축하하기 위하여

마

구성

처음

가운데

끝

초대하는 말과
까닭, 때와 곳

쓴 날짜와
쓴 사람

받는 사람과
첫인사

1 다음은 초대하는 글의 처음, 가운데, 끝에 들어갈 내용들을 정리한 표입니다. 빈칸에 들어갈 알맞은 말을 보기에서 골라 답해 주세요.

처음	제목, 받을 사람, ①
가운데	초대의 목적(초대하는 말과 까닭), 때, ②
끝	끝인사, 보내는 사람, ③
기타	교통편과 문의 전화번호

보기

곳 　　　 첫인사 　　　 쓴 날짜 　　　 준비물

2 다음은 앞의 글을 읽은 친구들의 대화입니다. 이 글을 <u>잘못</u> 이해하고 있는 친구는 누구인가요?

① 이 글은 선배들의 졸업식에 부모님을 초대하기 위해 후배들이 쓴 글이야.

② 초대하는 글에 들어가야 할 내용을 빠짐없이 잘 썼어.

③ 글에 초대하는 목적이 잘 드러나 있지만 ○○초등학교를 찾아가는 방법은 없어.

④ 높임말을 사용하여 예의 바르게 잘 썼어.

 오늘 읽어 볼 글입니다. 차근차근 잘 읽고, 문제를 풀어 보세요.

옛날, 중국의 춘추 전국 시대에 창과 방패를 파는 사람이 있었습니다. 어느 날, 이 상인은 많은 사람이 모인 장터에서 창과 방패를 팔기 위해 소리쳤습니다.

"자, 이 창을 보세요. 이 창은 강하고 예리해서 어떤 방패든 다 뚫을 수 있습니다. 어서 와서 보십시오."

사람들이 모여들자 상인은 신이 나서 더 크게 소리쳤습니다.

"자, 이 방패를 보세요. 이 방패는 강하고 단단해서 어떤 창으로도 뚫을 수가 없습니다. 이 창과 방패로 싸우는 병사들은 백전백승❶할 수 있습니다."

그때, 상인이 창과 방패를 파는 모습을 구경하던 한 사람이 있었습니다. 그 사람이 상인 앞으로 성큼성큼 다가와 물었습니다.

"여보시오, 당신의 창이 강하고 날카로워 어떤 방패든 다 뚫을 수 있다는 말이 사실이오? 또, 당신의 방패가 강하고 단단해서 어떤 창으로도 뚫을 수가 없다는 말 또한 사실이오?"

"그럼요. 사실이고 말고요."

상인이 자신 있게 대답했습니다.

"그렇다면 당신의 창으로 당신의 방패를 찌르면 어떻게 되는 것이오?"

그러자 상인은 쩔쩔매며 아무 대답도 하지 못했답니다.

이렇게 앞뒤가 맞지 않은 말을 하였다는 데서 유래한 말이 창과 방패 즉 '모순❷'입니다.

❶ **백전백승** : 싸울 때마다 다 이김

❷ **모순(矛盾)** : 창과 방패, 어떤 사실의 앞뒤, 또는 두 사실이 이치상 어긋나서 서로 맞지 않음을 이르는 말

다음은 앞에서 읽은 글의 내용을 한눈에 볼 수 있도록 정리한 글밥지도입니다. 보기 에서 알맞은 말을 골라 빈칸을 채워 보세요. 그리고 글에 알맞은 제목과 이야기의 순서를 찾아 선으로 이어 보세요.

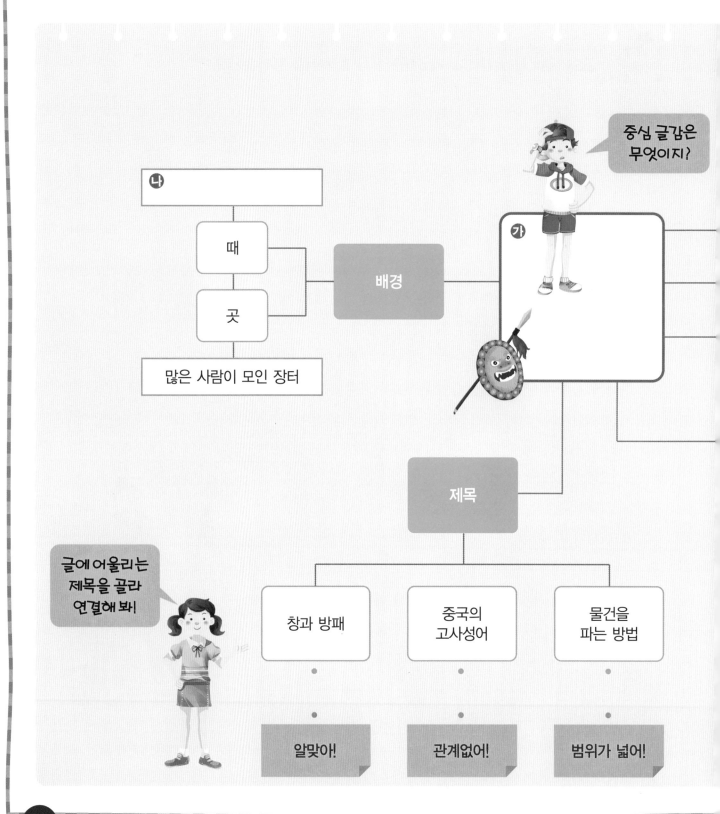

나

때

곳

많은 사람이 모인 장터

배경

가

중심 글감은 무엇이지?

제목

글에 어울리는 제목을 골라 연결해 봐!

창과 방패

중국의 고사성어

물건을 파는 방법

알맞아!

관계없어!

범위가 넓어!

보기

① 조선 시대　　　　② 많은 사람이 모인 장터　　　③ 중국의 춘추 전국 시대

④ 앞뒤가 잘 맞아 떨어진다.　⑤ 창과 방패

⑥ 앞뒤가 맞지 않는다.　　　⑦ 강하고 예리해서　　　⑧ 강하고 단단해서

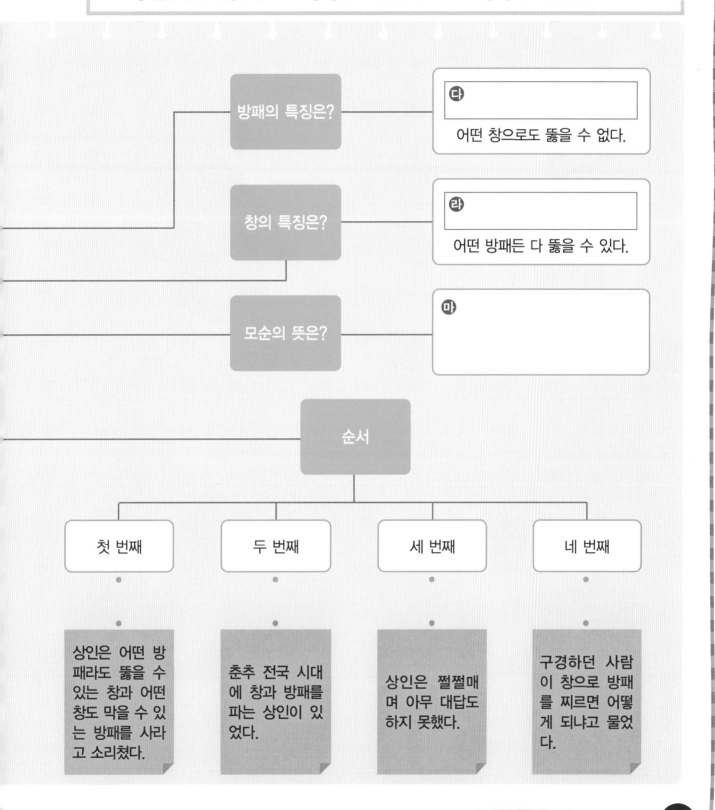

방패의 특징은?

다
어떤 창으로도 뚫을 수 없다.

창의 특징은?

라
어떤 방패든 다 뚫을 수 있다.

모순의 뜻은?

마

순서

| 첫 번째 | 두 번째 | 세 번째 | 네 번째 |

상인은 어떤 방패라도 뚫을 수 있는 창과 어떤 창도 막을 수 있는 방패를 사라고 소리쳤다.

춘추 전국 시대에 창과 방패를 파는 상인이 있었다.

상인은 쩔쩔매며 아무 대답도 하지 못했다.

구경하던 사람이 창으로 방패를 찌르면 어떻게 되냐고 물었다.

1 상인이 다시 창과 방패를 팔기 시작했습니다. 만약 친구들이 상인이라면, 어떻게 말할지 보기에서 골라 말풍선에 답해 보세요.

이 창은 강하고 예리해서 (①   ) 방패는 다 뚫을 수 있습니다.

이 방패는 강하고 단단해서 (②   ) 창으로도 뚫을 수 없습니다.

보기
| 이웃 나라 | 나무로 만든 | 웬만한 | 얇은 |

2 다음은 앞의 글을 읽은 친구들의 대화입니다. 이 글을 <u>잘못</u> 이해하고 있는 친구는 누구인가요?

① 춘추 전국 시대에는 어떤 방패라도 뚫을 수 있는 창과 어떤 창이라도 막을 수 있는 방패가 실제로 있었대.

② '모순'이라는 고사성어가 생겨난 배경에 대한 이야기야.

③ '모순'이라는 말은 어떤 말이나 사실의 앞뒤가 서로 맞지 않음을 이르는 말이야.

④ 상인은 자신의 창이 아주 날카롭고, 방패가 매우 단단하다는 것을 말하려다 실수를 한 거야.

 오늘 읽어 볼 글입니다. 차근차근 잘 읽고, 문제를 풀어 보세요.

고운이표 로션

하얗고 투명한 피부로 귀엽고 사랑스럽게

자외선 차단 지수 35!

어린이 피부에 알맞은 순한 처방!

들꽃에서 뽑은 성분이 들어 있습니다.

어린이 피부를 사랑스럽게 가꾸어 줍니다.

끈적임이 없어 바르고 나서 산뜻합니다.

바르는 순간부터 눈처럼 하얀 얼굴로 바뀝니다.

10만 원짜리 상품을 단돈 1만 원에 드립니다.

미운이표 화장품은

결코 고운이표 화장품의

품질을 따라올 수 없습니다.

어린이의 피부에 가장 좋은 로션

고운이표 로션을 만나 보세요.

글밥지도 그리기

다음은 앞에서 읽은 글의 내용을 한눈에 볼 수 있도록 정리한 글밥지도입니다. 보기에서 알맞은 말을 골라 빈칸을 채워 보세요.

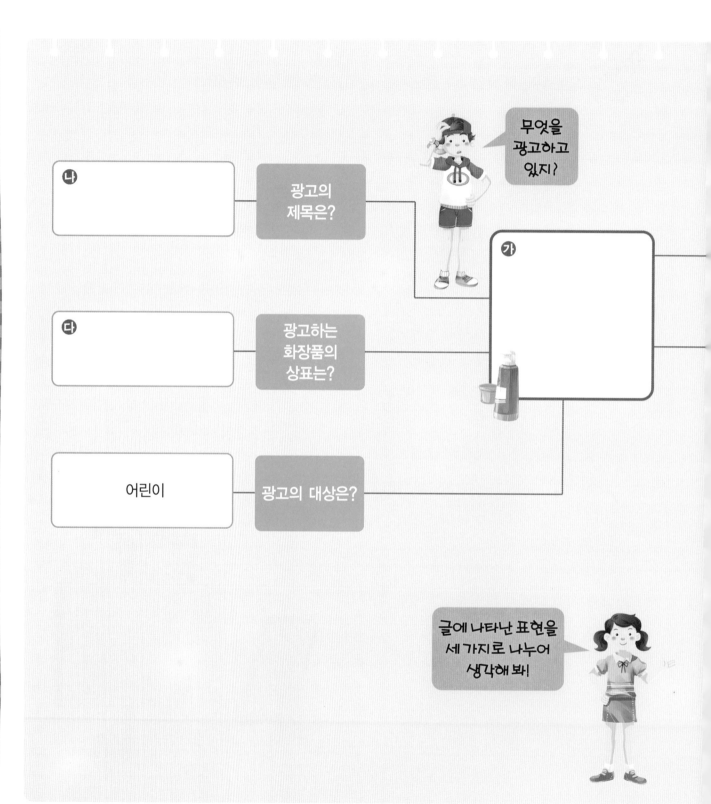

나

광고의 제목은?

무엇을 광고하고 있지?

가

다

광고하는 화장품의 상표는?

어린이

광고의 대상은?

글에 나타난 표현을 세 가지로 나누어 생각해 봐!

❶ 미운이표
❷ 하얗고 투명한 피부로 귀엽고 사랑스럽게
❸ 고운이표 로션
❹ 고운이표
❺ 산뜻함
❻ 끈적임
❼ 바르는 순간부터 눈처럼 하얀 얼굴로 바뀝니다.
❽ 들꽃

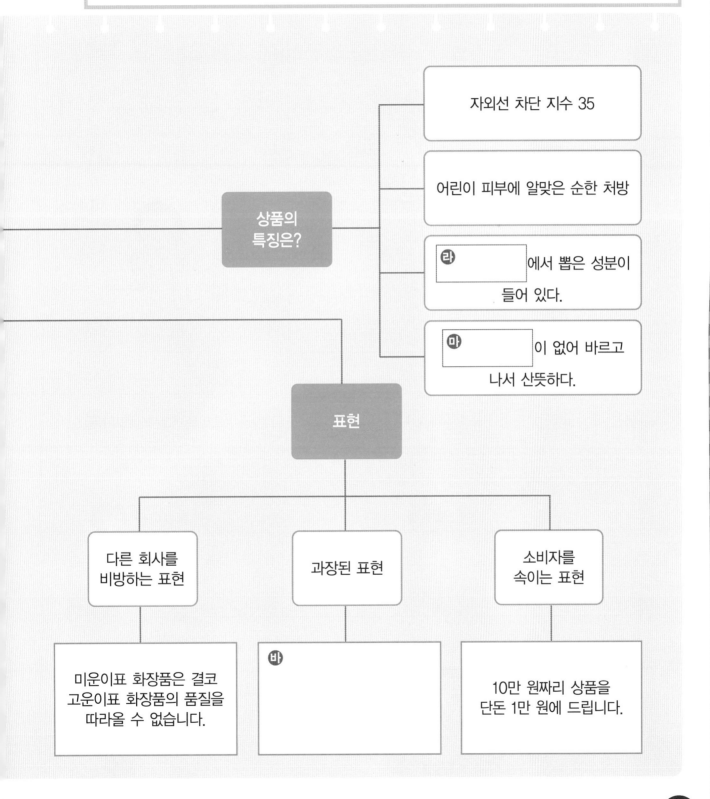

상품의 특징은?

자외선 차단 지수 35

어린이 피부에 알맞은 순한 처방

㉣ 에서 뽑은 성분이 들어 있다.

㉤ 이 없어 바르고 나서 산뜻하다.

표현

다른 회사를 비방하는 표현

과장된 표현

소비자를 속이는 표현

미운이표 화장품은 결코 고운이표 화장품의 품질을 따라올 수 없습니다.

㉥

10만 원짜리 상품을 단돈 1만 원에 드립니다.

1 다음은 앞에서 읽은 글의 광고 내용입니다. 사실인 문장에는 '사', 의견인 문장에는 '의'를 써 보세요.

실제로 있었던 일이나 현재에 있는 일이 '사실', 어떤 것에 대하여 갖게 되는 생각이 '의견'이야.

광고 내용
① 자외선 차단 지수 35! ☐
② 어린이 피부에 가장 좋은 로션 ☐
③ 들꽃에서 뽑은 성분이 들어 있습니다. ☐
④ 어린이 피부를 사랑스럽게 가꾸어 줍니다. ☐

2 다음은 앞의 글을 읽은 친구들의 대화입니다. 이 글을 <u>잘못</u> 이해하고 있는 친구는 누구인가요?

①

이 글은 어린이용 연고를 판매하기 위한 상품 광고야.

②

바르는 순간부터 눈처럼 하얀 얼굴로 바뀐다는 것은 너무 과장된 표현이야.

③

다른 회사의 제품을 깎아내리고 있어.

④

광고하는 글을 읽을 때에는 사실과 의견을 구분해서 읽어야 해.

 오늘 읽어 볼 내용입니다. 차근차근 잘 읽고, 문제를 풀어 보세요.

우리 아빠 장에 가고
우리 엄마 굿에 가고
우리 오빠 처가 가고
우리 언니 놀러 가고
방망이는 또당 가고
홍두깨는 밀러 가고
쪽박은 샘물 가고
개랑 나랑 집 보다가
골무 도둑 다 맞았네.

❶ 굿 : 여러 사람이 모여 떠들썩하거나 신명 나는 구경거리

❷ 처가 : 아내의 부모, 형제 등이 살고 있는 집

❸ 또당 : 두들기는 소리를 흉내 낸 말

❹ 홍두깨 : 다듬잇감을 감아서 다듬이질할 때에 쓰는, 단단한 나무로 만든 도구

❺ 골무 : 바느질할 때 바늘귀를 밀기 위하여 손가락에 끼는 도구

글밥지도 그리기

다음은 앞에서 읽은 글의 내용을 한눈에 볼 수 있도록 정리한 글밥지도입니다. 보기 에서 알맞은 말을 골라 빈칸을 채워 보세요. 그리고 글에 알맞은 제목과 등장인물들 이 간 곳을 찾아 선으로 이어 보세요.

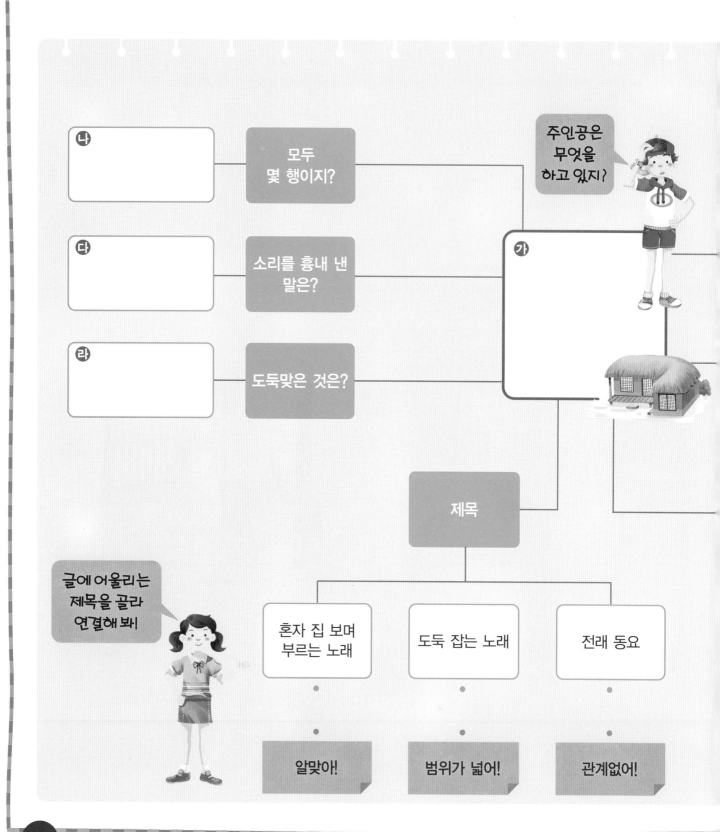

나

다

라

모두 몇 행이지?

소리를 흉내 낸 말은?

도둑맞은 것은?

주인공은 무엇을 하고 있지?

가

제목

글에 어울리는 제목을 골라 연결해 봐!

혼자 집 보며 부르는 노래

도둑 잡는 노래

전래 동요

알맞아!

범위가 넓어!

관계없어!

보기

① 동화   ② 9행   ③ 밀러   ④ 또당

⑤ 우리   ⑥ 집 보기   ⑦ 아빠   ⑧ 골무

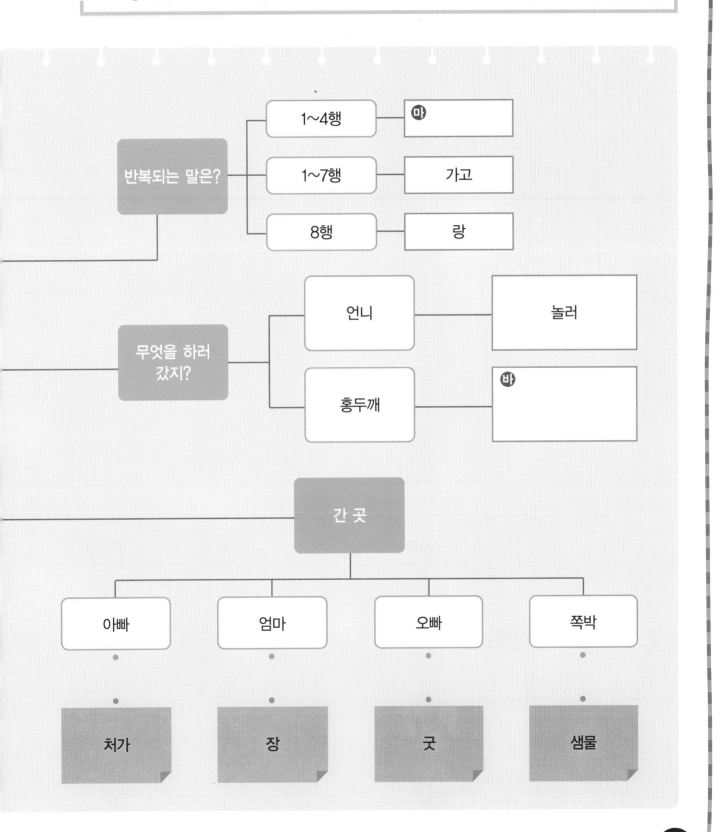

반복되는 말은?

1~4행	ⓜ
1~7행	가고
8행	랑

무엇을 하러 갔지?

| 언니 | 놀러 |
| 홍두깨 | ⓑ |

간 곳

| 아빠 | 엄마 | 오빠 | 쪽박 |
| 처가 | 장 | 굿 | 샘물 |

1 다음은 앞에서 읽은 전래 동요의 한 부분입니다. 빈칸에 알맞은 말을 넣어 새로운 전래 동요를 지어 보세요.

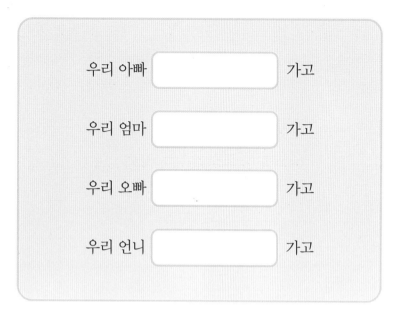

우리 아빠 [   ] 가고

우리 엄마 [   ] 가고

우리 오빠 [   ] 가고

우리 언니 [   ] 가고

우리 아빠 야구장 가고
우리 엄마 백화점 가고
우리 형 학원 가고
우리 누나 놀이터 가고

2 다음은 앞의 글을 읽은 친구들의 대화입니다. 이 글을 <u>잘못</u> 이해하고 있는 친구는 누구인가요?

① 글자 수가 일정해서 읽으면 마치 노래를 부르는 것 같아.

② 집에서 혼자 바느질하던 엄마가 골무를 찾는 모습이 떠올라.

③ 모두 나가고 집에는 '개' 와 '나' 만 남겨 졌대.

④ '또당' 가고는 '또당또당' 두들기러 갔다는 뜻으로 이해할 수 있어.

 오늘 읽어 볼 글입니다. 차근차근 잘 읽고, 문제를 풀어 보세요.

　장수풍뎅이는 풍뎅잇과의 곤충으로 일명 '투구벌레'라고도 부릅니다. 몸길이는 30~55밀리미터로 타원형입니다. 몸 색깔은 전체적으로 밤색을 띠는데 수컷은 광택이 나고, 암컷은 수컷보다 검고 광택이 없습니다. 수컷은 머리에 매우 굵고 긴 뿔이 나 있는데, 그 길이가 몸길이의 절반 정도로 사슴뿔처럼 보입니다. 암컷은 머리에 세 개의 짧고 뾰족한 가시 모양의 돌기가 있습니다. 수컷의 가슴에는 앞쪽에 끝이 두 갈래로 갈라진 작은 뿔이 있지만 암컷의 가슴은 단순합니다.

　장수풍뎅이는 잎이 넓은 큰 나무에 구멍을 파고 삽니다. 알에서 깨어난 장수풍뎅이의 애벌레는 낙엽 등이 있는 기름진 땅속에서 자라는 동안 세 번 탈피를 한 뒤 겨울을 납니다. 그리고 다음 해 초여름에 땅속으로 들어가서 번데기가 되었다가, 20일 뒤에 어른 장수풍뎅이, 성충이 됩니다. 성충은 낮보다 밤에 활동을 많이 합니다. 성충은 6~8월에 나타나 졸참나무, 상수리나무의 나무 즙이나 과일즙을 먹으면서 약 2달 동안 살다가 썩은 가랑잎이나 짚 두엄 밑에 알을 30~100개까지 낳고 죽습니다. 장수풍뎅이는 춥지 않고 먹이가 풍부하면 3년 이상 살 수 있다고 합니다.

　장수풍뎅이는 힘이 매우 세서 자기 몸무게에 50배가 넘는 물건도 들 수 있습니다. 장수풍뎅이는 우리나라 전체에 퍼져 있으며 중국, 일본, 타이완, 동남아시아 등에서도 살고 있습니다.

❶ **돌기** : 뾰족하게 내밀거나 도드라진 부분

❷ **탈피** : 파충류, 곤충류 따위가 자라면서 허물이나 껍질을 벗음

❸ **성충** : 다 자란 곤충

다음은 앞에서 읽은 글의 내용을 한눈에 볼 수 있도록 정리한 글밥지도입니다. 보기
에서 알맞은 말을 골라 빈칸을 채워 보세요. 그리고 장수풍뎅이의 성장 순서와 문단
의 내용을 찾아 선으로 이어 보세요.

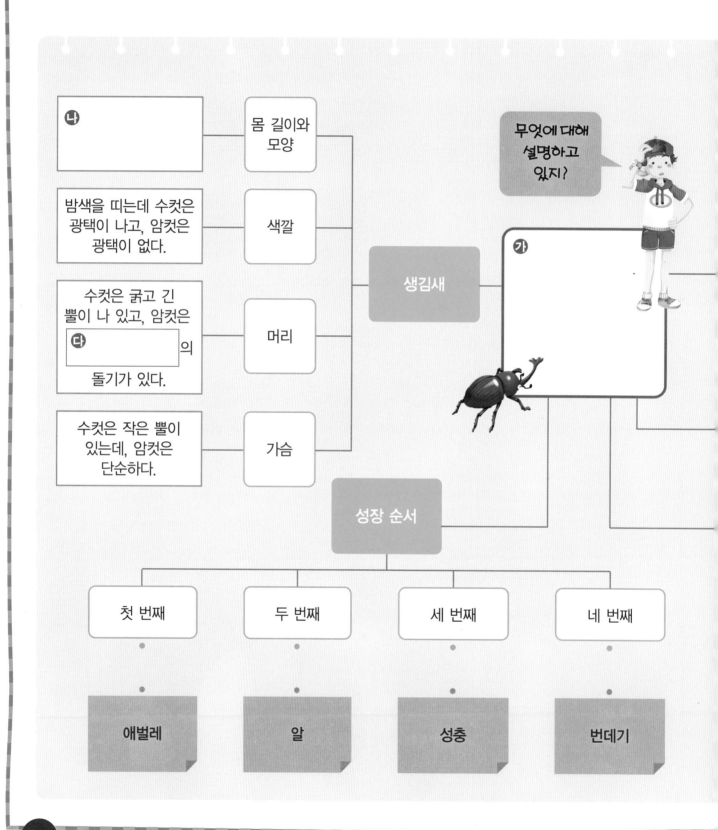

❶ 짧고 뾰족한 가시 모양   ❷ 알   ❸ 30~55밀리미터의 타원형

❹ 장수풍뎅이   ❺ 나무 즙이나 과일즙   ❻ 잎이 넓은 큰 나무

❼ 잎이 뾰족한 나무   ❽ 길고 넓은 가시 모양

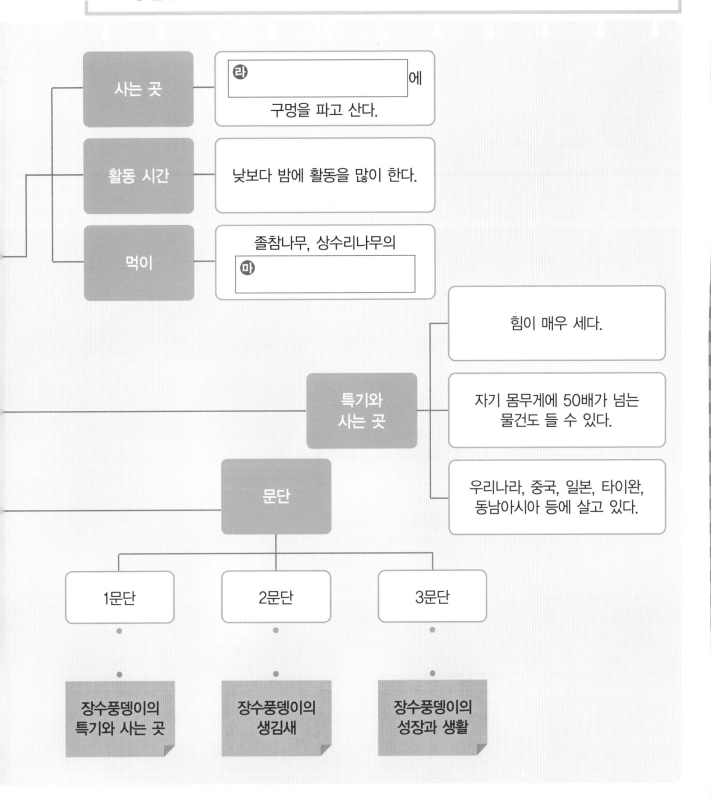

사는 곳 — ㉣ _____ 에 구멍을 파고 산다.

활동 시간 — 낮보다 밤에 활동을 많이 한다.

먹이 — 졸참나무, 상수리나무의 ㉤ _____

특기와 사는 곳

힘이 매우 세다.

자기 몸무게에 50배가 넘는 물건도 들 수 있다.

우리나라, 중국, 일본, 타이완, 동남아시아 등에 살고 있다.

문단

1문단 → 장수풍뎅이의 특기와 사는 곳

2문단 → 장수풍뎅이의 생김새

3문단 → 장수풍뎅이의 성장과 생활

1 다음은 장수풍뎅이의 암컷과 수컷의 특징을 비교한 표입니다. 다음 빈칸에 암컷은 '암', 수컷은 '수'라고 써 보세요.

장수풍뎅이의 암컷과 수컷의 특징	
① 밤색을 띠며 광택이 난다.	
② 검고 광택이 없다.	
③ 머리에 짧고 뾰족한 가시 모양의 돌기가 있다.	
④ 머리에 굵고 긴 뿔이 있다.	
⑤ 가슴에 작은 뿔이 없고 단순하다.	

2 다음은 앞의 글을 읽은 친구들의 대화입니다. 이 글을 <u>잘못</u> 이해하고 있는 친구는 누구인가요?

① 이 글은 장수풍뎅이를 설명하는 글이야.

② 장수풍뎅이의 생김새와 사는 곳 등을 알기 쉽게 설명하고 있어.

③ 장수풍뎅이의 암컷과 수컷은 차이점이 많네.

④ 장수풍뎅이가 성장하는 과정은 알 수 있는데, 먹이는 알 수 없어.

꼼꼼히 집중하여 읽기

글의 갈래 | **전기문**

걸린 시간 | 분 초

 오늘 읽어 볼 글입니다. 차근차근 잘 읽고, 문제를 풀어 보세요.

폴 고갱은 1848년에 프랑스 파리에서 태어났어요. 하지만 파리에서 산 기간은 인생의 절반 가량밖에 안 되며, 평생 이곳저곳을 떠돌았어요.

고갱의 어린 시절 꿈은 선원이었어요. 1865년부터 항해사 조수가 되어 배에 오른 뒤, 1868년에는 해군에 입대해 전쟁에 나가는 등 5년 동안 바다 생활을 했어요. 그 뒤, 증권 회사에 들어가 일을 하기도 했어요.

고갱은 1883년에 직장을 그만두고 화가의 길을 걷기 시작했어요. 고갱은 초기에는 인상주의 화가들과 만나며 인상주의 전시회에도 참여했어요. 하지만 고갱은 '종합주의'라는 자신만의 그림 세계를 완성했어요. 종합주의란 인상주의 화가들처럼 사물에서 작가가 받은 순간적은 인상을 표현하는 것이 아니라 '상상과 경험을 종합하여 감추어진 세계를 표현하는 것'을 말해요. 고갱의 작품은 강렬한 색과 굵은 선, 단순한 형태가 특징이에요.

하지만 고갱의 일생은 가난과 병과 싸우는 생활의 연속이었고, 1903년에 도미니카 섬에서 고독한 생애를 마쳤어요.

고갱의 대표 작품으로 〈야곱과 천사의 싸움〉, 〈타히티의 연인들〉, 〈황색의 그리스도〉가 있어요. 고갱의 작품들은 안타깝게도 고갱이 죽고 난 다음에야 빛을 발하기 시작했고, 그의 작품들은 피카소, 뭉크 등 유명한 화가들에게 많은 영향을 주었답니다.

❶ **입대** : 군대에 들어가 군인이 됨

❷ **인상주의** : 19세기 후반부터 20세기 초반에 걸쳐 프랑스를 중심으로 유럽에서 유행하였으며, 있는 그대로를 그리는 것이 아니라 작가가 받은 인상을 표현한 예술의 표현 방법

글밥지도 그리기

다음은 앞에서 읽은 글의 내용을 한눈에 볼 수 있도록 정리한 글밥지도입니다. 보기에서 알맞은 말을 골라 빈칸을 채워 보세요. 그리고 글에 알맞은 제목을 찾아 선으로 이어 보세요.

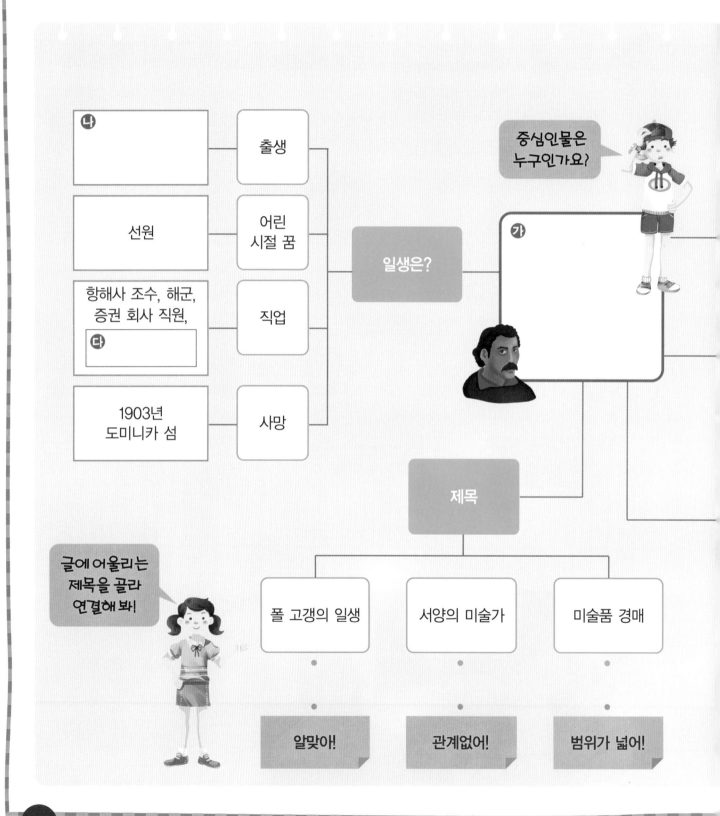

나

선원

항해사 조수, 해군,
증권 회사 직원,
다

1903년
도미니카 섬

출생

어린
시절 꿈

직업

사망

일생은?

가

중심인물은
누구인가요?

제목

글에 어울리는
제목을 골라
연결해 봐!

폴 고갱의 일생

서양의 미술가

미술품 경매

알맞아!

관계없어!

범위가 넓어!

118

보기

① 화가 ② 1848년 프랑스 파리 ③ 선원

④ 고갱 ⑤ 상상과 경험을 종합 ⑥ 고흐

⑦ 피카소, 뭉크 ⑧ 종합주의

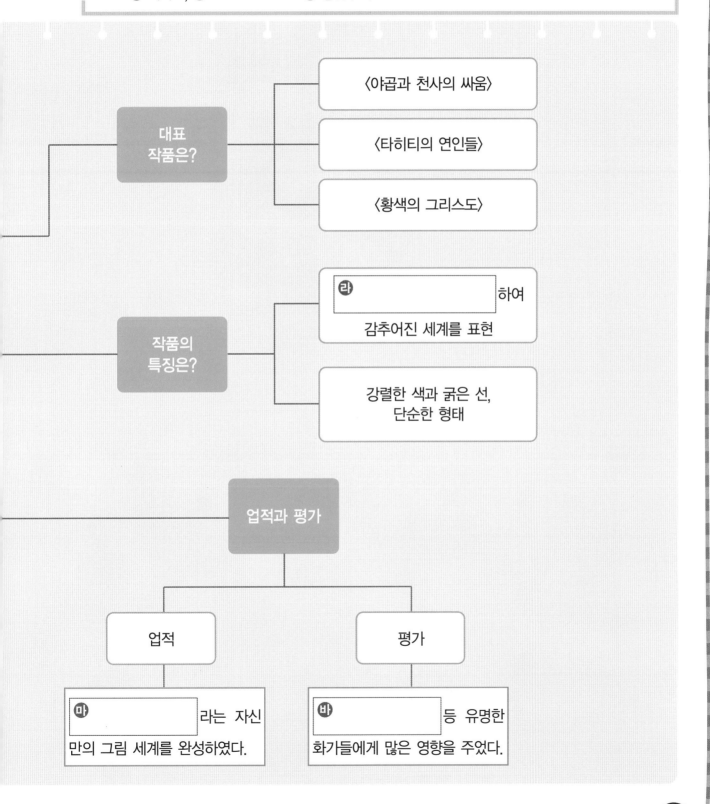

대표 작품은?

〈야곱과 천사의 싸움〉

〈타히티의 연인들〉

〈황색의 그리스도〉

작품의 특징은?

라 ⎯⎯⎯⎯⎯⎯ 하여 감추어진 세계를 표현

강렬한 색과 굵은 선, 단순한 형태

업적과 평가

업적

마 ⎯⎯⎯⎯ 라는 자신 만의 그림 세계를 완성하였다.

평가

바 ⎯⎯⎯⎯ 등 유명한 화가들에게 많은 영향을 주었다.

1 다음은 앞의 글의 중요한 장면입니다. 이 장면에서 고갱이 느꼈을 감정으로 알맞지 <u>않은</u> 것을 골라 ∨표 해 보세요.

> 내 그림은 사람들에게 인정받지 못하고 있어.

| 괴롭다. | | 외롭다. | | 슬프다. | | 기쁘다. | |

2 다음은 앞의 글을 읽은 친구들의 대화입니다. 이 글을 <u>잘못</u> 이해하고 있는 친구는 누구인가요?

① 고갱은 화가가 되기 전에 항해사 조수와 증권 회사 직원 등으로 일했어.

② 피카소, 뭉크 등 유명한 화가의 작품은 고갱의 작품에 영향을 많이 주었어.

③ 고갱의 작품이 살아서는 인정을 받지 못했으나 죽어서는 빛을 발했어.

④ 고갱의 작품은 상상과 경험을 종합하여 감추어진 세계를 표현하고 있대.

꼼꼼히 집중하여 읽기

글의 갈래	**주장하는 글**
걸린 시간	분 초

오늘 읽어 볼 글입니다. 차근차근 잘 읽고, 문제를 풀어 보세요.

홍콩의 선박왕 '바오위강'이라는 사람은 많은 재산을 가지고 있지만 여전히 버스를 타고 출퇴근을 한다고 한다. 하지만 요즈음 우리나라 어린이들은 값비싼 옷이나 가방, 신발 등을 좋아하고, 휴대 전화, 귀고리나 반지, 머리핀 같은 액세서리도 유행에 맞추어 사기도 한다. 이렇게 어린이들이 함부로 돈을 쓰는 것은 매우 심각한 문제다.

어린이들은 효율적으로^① 돈을 쓰는 방법을 배워야 한다. 어린이의 과소비는^② 어른을 따라 하고 싶은 마음 때문에 생긴다고 볼 수 있다. 어렸을 때부터 돈 씀씀이가 헤프면 어른이 되어서도 습관으로 굳어질 수 있다.

어린이들이 좋아하는 값비싼 물건들은 대부분 부모님의 돈으로 산다. 이것은 부모님에게 커다란 부담이 된다. 우리나라의 생활 수준이 높아지기는 했지만, 여전히 경제적 어려움을 겪는 사람들도 많다. 돈이 없어 학교에 가지 못하고 급식도 먹지 못하는 가난한 친구들도 있다. 어린이들의 과소비는 친구들에게 위화감을^③ 줄 수 있다.

나라가 더욱 튼튼해지고, 우리 사회가 조화롭게 발전하기 위해서 반드시 절약을 해야 한다. 특히, 자라나는 어린이들의 과소비를 막아야 한다.

① **효율적** : 들인 노력에 비하여 얻는 결과가 큰 것 또는 그런 것

② **과소비** : 돈이나 물품 따위를 지나치게 많이 써서 없애는 일, '지나친 씀씀이'

③ **위화감** : 조화되지 않는 느낌

글밥지도 그리기

다음은 앞에서 읽은 글의 내용을 한눈에 볼 수 있도록 정리한 글밥지도입니다. 보기에서 알맞은 말을 골라 빈칸을 채워 보세요. 그리고 글에 알맞은 제목과 문단의 내용을 찾아 선으로 이어 보세요.

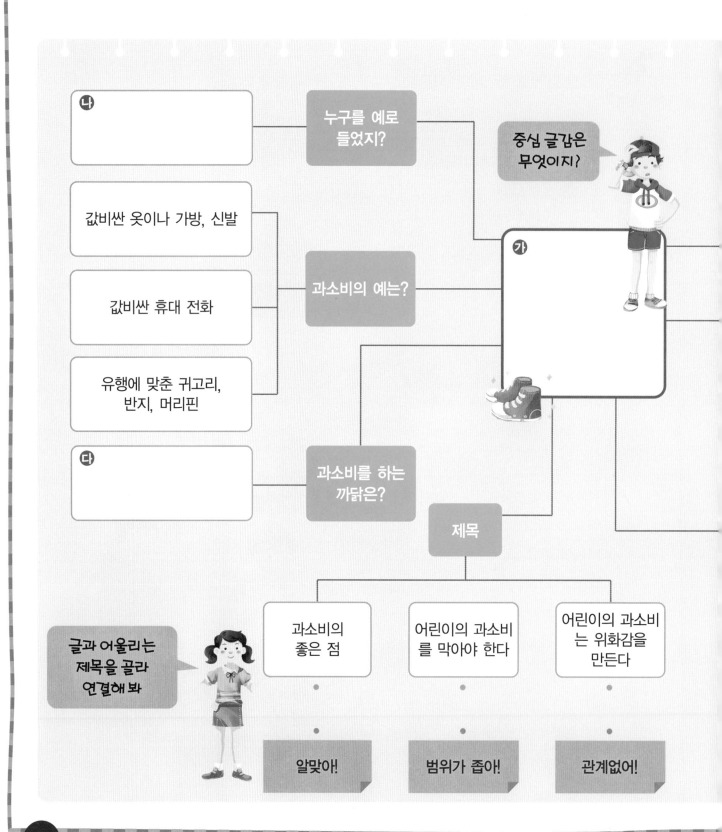

나

누구를 예로 들었지?

중심 글감은 무엇이지?

값비싼 옷이나 가방, 신발

값비싼 휴대 전화

과소비의 예는?

가

유행에 맞춘 귀고리, 반지, 머리핀

다

과소비를 하는 까닭은?

제목

글과 어울리는 제목을 골라 연결해 봐

과소비의 좋은 점

어린이의 과소비를 막아야 한다

어린이의 과소비는 위화감을 만든다

알맞아!

범위가 좁아!

관계없어!

보기

❶ 위화감   ❷ 친근감을 만들 수 있다.   ❸ 어린이 과소비

❹ 어린이 과소비를 막아야 한다.   ❺ 물건 값을 내는 사람은?

❻ 어른을 따라 하려는 마음   ❼ 홍콩의 선박왕 '바오위강'   ❽ 가난한 친구들도 있다.

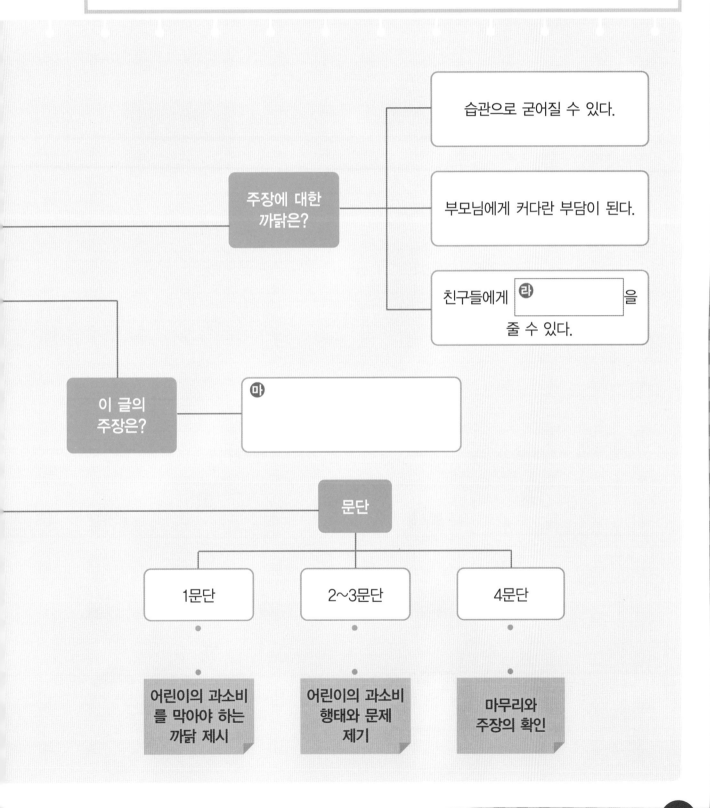

1 다음은 글쓴이가 제기한 문제와 주장을 정리한 것입니다. 그 주장을 뒷받침해 줄 수 있는 까닭으로 알맞은 것을 골라 ○표 해 보세요.

문제 제기	요즘 우리나라 어린이들이 돈을 함부로 쓰며 과소비를 하고 있다.
주장	어린이들의 과소비를 막아야 한다.
까닭	① 어린이들은 효율적으로 돈을 쓰는 방법을 배워야 한다.
	② 어린이들의 과소비가 계속되면 나쁜 습관으로 굳어질 수 있다.
	③ 어린이들의 과소비는 우리 사회가 조화롭게 발전하기 위해서는 반드시 필요하다.
	④ 어린이들의 무분별한 과소비는 친구들 간의 위화감을 만들 수 있다.

2 다음은 앞의 글을 읽은 친구들의 대화입니다. 이 글을 <u>잘못</u> 이해하고 있는 친구는 누구인가요?

①
내 주위의 친구들도 값비싼 옷이나 가방, 신발을 좋아하는 아이들이 많아.

②

과소비를 해야 경제가 발전한다고 주장하고 있어.

③

과소비는 친구들 사이에서 위화감을 만들 수 있으니 하지 말아야 돼.

④

홍콩의 선박왕 '바오위강'이라는 사람을 본받아야겠다고 생각했어.

오늘 읽어 볼 글입니다. 차근차근 잘 읽고, 문제를 풀어 보세요.

20○○년 ○○월 ○○일   날씨 : 맑음

엄마께서 마트에서 왕새우를 사 오셨다. 프라이팬에 소금을 깔고 왕새우를 구워 주셨다. 나는 새우를 맛있게 먹고 텔레비전을 보다가 목이 말라 물을 마시려고 주방으로 갔다.

그런데 식탁 위에 떨어진 새우 껍데기에 붉은 개미 수십 마리가 모여 있었다. 나는 개미들이 어떻게 먹이를 옮기는지, 어디에서 몰려왔는지 궁금했다. 그래서 개미들이 먹이를 들고 갈 때까지 기다렸다. 그런데 개미들은 계속해서 새우 껍데기 근처에만 모여 있었다. 나는 의자에 앉아 개미를 관찰하며 한참을 기다렸다. 그때, 누나가 다가왔다.

"뭘 보니?"

그러더니 식탁 위의 개미를 보고는 크게 소리를 질렀다.

"악, 징그러워. 집에 개미가 있다니 정말 불쾌해!"

누나가 지르는 소리를 듣고 엄마께서 오셨다.

"아파트 소독할 때 집을 비우는 바람에 소독을 못 했더니 개미가 많이 생겼구나."라고 하시며 엄마는 물휴지를 빼서 개미와 새우를 닦고 휴지통에 버리셨다.

'조금만 더 기다렸다면 개미들이 새우를 나르는 것을 볼 수 있었을 텐데…….' 하는 생각이 들었다. 개미를 들여다보며 지루하고 징그럽기도 했지만 개미가 먹이를 나르는 모습과 개미집을 찾지 못한 것이 아쉬웠다.

다음은 앞에서 읽은 글의 내용을 한눈에 볼 수 있도록 정리한 글밥지도입니다. 보기에서 알맞은 말을 골라 빈칸을 채워 보세요. 그리고 글에 알맞은 제목을 찾아 선으로 이어 보세요.

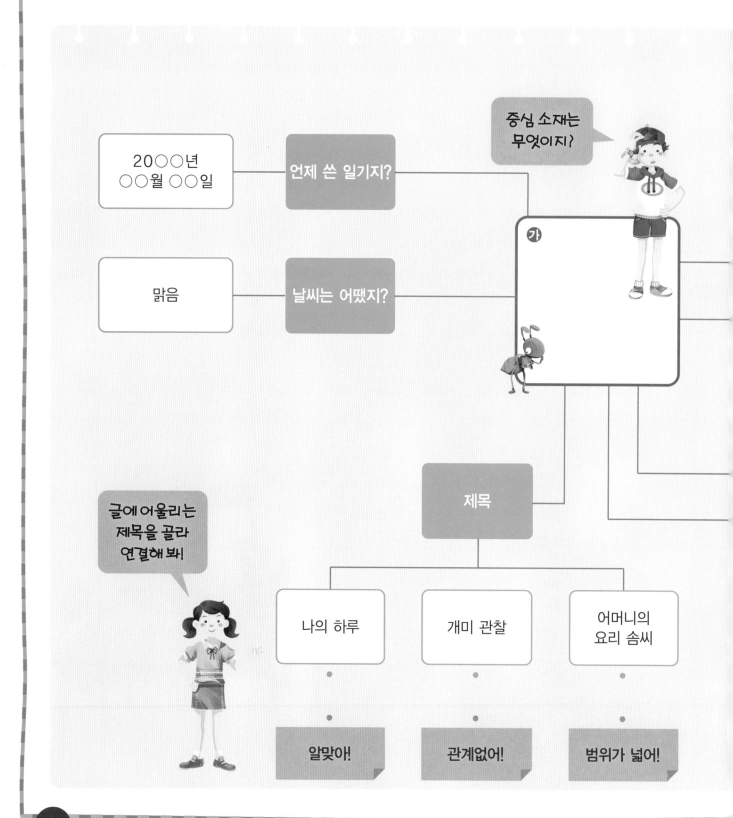

중심 소재는 무엇이지?

20○○년
○○월 ○○일

언제 쓴 일기지?

맑음

날씨는 어땠지?

가

글에 어울리는 제목을 골라 연결해 봐!

제목

나의 하루

개미 관찰

어머니의 요리 솜씨

알맞아!

관계없어!

범위가 넓어!

보기

① 먹이를 어떻게 옮길까?   ② 개미를 잡았다.   ③ 새우

④ 개미   ⑤ 왕새우 구이를 먹었다.   ⑥ 소독을 못 했기 때문에

⑦ 개미가 먹이를 나르는 모습   ⑧ 개미가 먹이를 먹는 모습

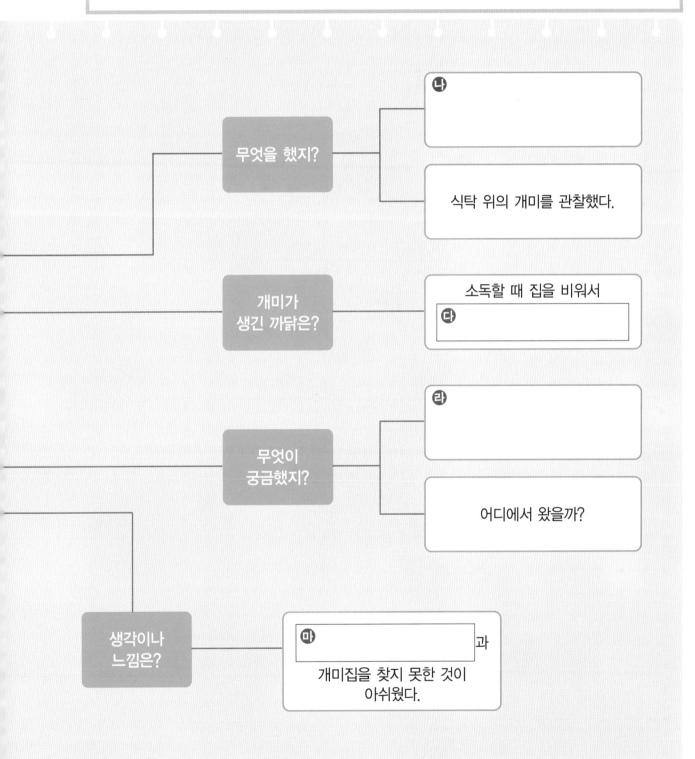

무엇을 했지?

나

식탁 위의 개미를 관찰했다.

개미가 생긴 까닭은?

소독할 때 집을 비워서
다

무엇이 궁금했지?

라

어디에서 왔을까?

생각이나 느낌은?

마   과
개미집을 찾지 못한 것이
아쉬웠다.

1 글쓴이의 누나는 식탁 위에 있는 개미를 보고 다음과 같이 느낌을 말했습니다. 친구들이 개미를 보았다면 어떤 느낌이 들었을까요? 보기 에서 알맞은 말을 골라 표현해 보세요.

개미를 보았을 때는 정말 징그러웠어.

보기

무섭다.	놀랍다.	재미있다.	불쌍하다.
당황하다.	신기하다.	괴롭다.	짜증나다.

2 다음은 앞의 글을 읽은 친구들의 대화입니다. 이 글을 <u>잘못</u> 이해하고 있는 친구는 누구인가요?

① 집에서 개미를 관찰한 일에 대해 쓴 일기네.

② 끝내 개미 집을 찾지 못한 것을 아쉬워하고 있어.

③ 개미를 못 살게 구는 걸 보니 곤충을 싫어하나 봐.

④ 글쓴이는 호기심이 많은 아이인 것 같아.

 오늘 읽어 볼 내용입니다. 차근차근 잘 읽고, 문제를 풀어 보세요.

탐관오리 변학도 파직^①

가혹한 세금에 근무 시간에 잔치 벌여

암행어사 이몽룡이 17○○년 ○○월 ○○일, 전라도 남원에서 백성들에게 세금을 심하게 거두어들이고, 무리하게 재물을 빼앗은 변학도를 파직하였다. 변학도는 고을 원님라는 위치를 이용하여 백성들에게 많은 세금을 걷어 자기 재산으로 만들었다. 또, 고을을 다스리는 일에는 관심이 없고 근무 시간에도 잔치를 벌이는 일에 많은 시간을 보냈다고 한다. 특히 성춘향에게 강제로 수청을^② 들라 하고 춘향이 이를 거절하자 옥에 가두는 등 죄 없는 백성들을 괴롭혔다.

성춘향의 몸종인 향단이의 말에 따르면 성춘향은 암행어사인 이몽룡과 약혼한 사이였다고 한다. 이몽룡이 춘향을 보고 한눈에 반하여 춘향의 집으로 찾아가 성춘향과 평생을 같이 지내겠다고 약속한 것이다. 성춘향은 이 사실 때문에 변학도의 수청을 거절한 것으로 보인다.

이번 일로 변학도는 고을 원님라는 자리에서 물러나게 된 것은 물론이고, 5년 이상 죗값을 치르게 될 것이라 한다.

〈○○일보〉

① **파직** : 관직에서 물러나게 함

② **수청** : 아녀자나 기생이 높은 벼슬아치에게 몸을 바쳐 시중을 들던 일

 글밥지도 그리기

다음은 앞에서 읽은 글의 내용을 한눈에 볼 수 있도록 정리한 글밥지도입니다. 보기 에서 알맞은 말을 골라 빈칸을 채워 보세요. 그리고 기사문의 내용을 찾아 선으로 이어 보세요.

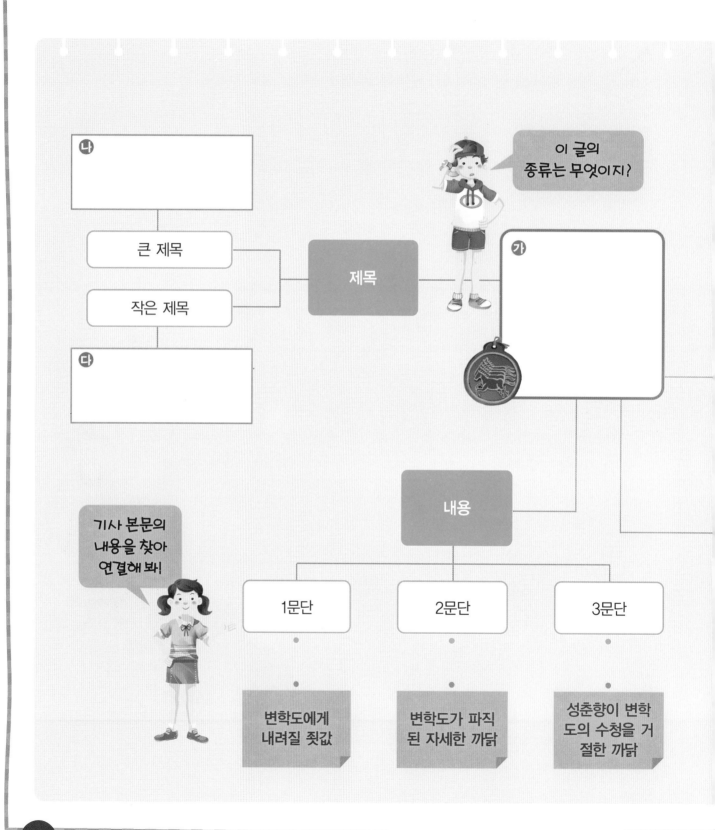

이 글의 종류는 무엇이지?

나

큰 제목

작은 제목

다

제목

가

내용

기사 본문의 내용을 찾아 연결해 봐!

1문단

2문단

3문단

변학도에게 내려질 죗값

변학도가 파직된 자세한 까닭

성춘향이 변학도의 수청을 거절한 까닭

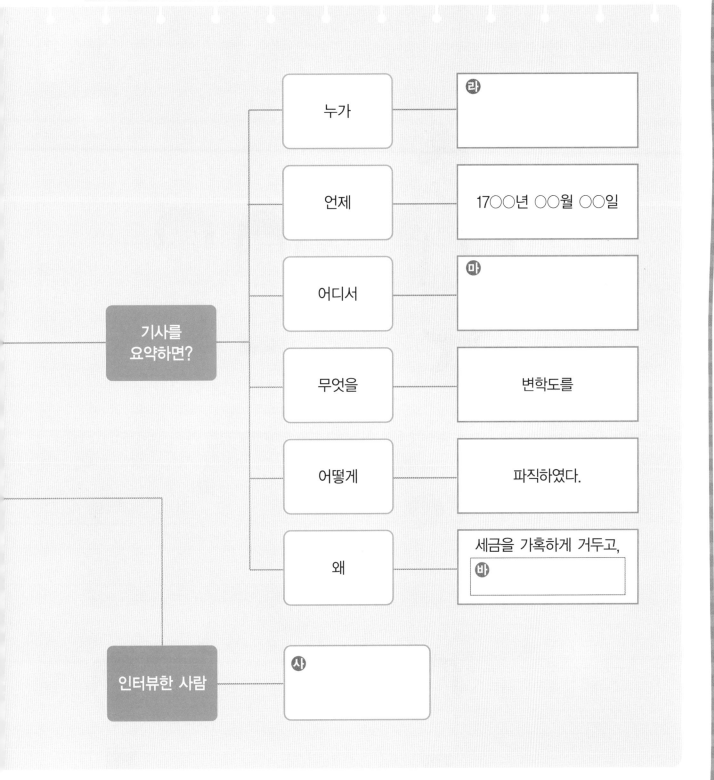

기사를
요약하면?

누가 —— 라

언제 —— 17○○년 ○○월 ○○일

어디서 —— 마

무엇을 —— 변학도를

어떻게 —— 파직하였다.

왜 —— 세금을 가혹하게 거두고, 바

인터뷰한 사람 —— 사

1 다음은 앞에서 읽은 글의 중요한 장면입니다. 친구들이 어사가 되었다고 생각하고 판결문을 쓰되 원인과 결과가 드러나게 써 보세요.

죄인 변학도는 백성들을 괴롭혔으므로 파직과 함께 징역 10년에 처하노라.

2 다음은 앞의 글을 읽은 친구들의 대화입니다. 이 글을 <u>잘못</u> 이해하고 있는 친구는 누구인가요?

① 변학도가 고을 원님으로 있을 때 백성들이 많이 힘들었겠구나

② 변학도는 자신의 잘못을 반성해야 돼.

③ 변학도는 남원 백성들에게 잔치를 자주 베풀어 주었어.

④ 글에는 성춘향과 이몽룡이 약혼한 배경이 나타나 있어.

오늘 읽어 볼 글입니다. 차근차근 잘 읽고, 문제를 풀어 보세요.

다음은 전기밥솥을 안전하고 올바르게 사용하는 방법입니다. 사고나 위험을 미리 막기 위한 것이므로 주의 깊게 읽고 경고에 반드시 따라 주십시오.

경고 1 : 전기밥솥 사용 중에는 증기 배출구에 손이나 얼굴을 가까이 대지 마십시오. 밥을 지을 때 나오는 증기는 매우 뜨거워 화상의 위험이 있습니다.

경고 2 : 전기밥솥을 통째로 설거지대에 넣지 마십시오. 누전, 감전, 화재의 원인이 됩니다. 물이 들어간 경우에는 사용을 멈추고 전원 플러그를 뽑은 다음 고객 상담실에 문의하여 주십시오.

경고 3 : 반드시 220볼트 전용 콘센트에서만 사용하시고 한 콘센트에 여러 제품의 플러그를 동시에 꽂아 사용하지 마십시오. 여러 제품과 함께 사용하거나 다른 기구에 사용하면 발열 즉, 열이 나거나 감전의 원인이 됩니다.

경고 4 : 압력 추와 증기 배출구를 막거나 증기 배출구에 행주나 덮개, 물건을 올린 채 사용하지 마십시오. 압력에 의한 폭발의 위험이 있습니다. 또, 전기밥솥의 모양이나 색이 변하고, 고장의 원인이 됩니다.

경고 5 : 밥이 끓고 있을 때 절대로 뚜껑을 열지 마십시오. 강제로 열면 화상이나 폭발의 위험이 있습니다. 어쩔 수 없이 뚜껑을 열어야 할 때에는 취소 버튼을 누른 뒤 압력이 모두 빠져나갔는지 확인한 다음 열어 주십시오.

 글밥지도 그리기

다음은 앞에서 읽은 글의 내용을 한눈에 볼 수 있도록 정리한 글밥지도입니다. 보기에서 알맞은 말을 골라 빈칸을 채워 보세요. 그리고 글에 알맞은 제목과 경고 사항을 찾아 선으로 이어 보세요.

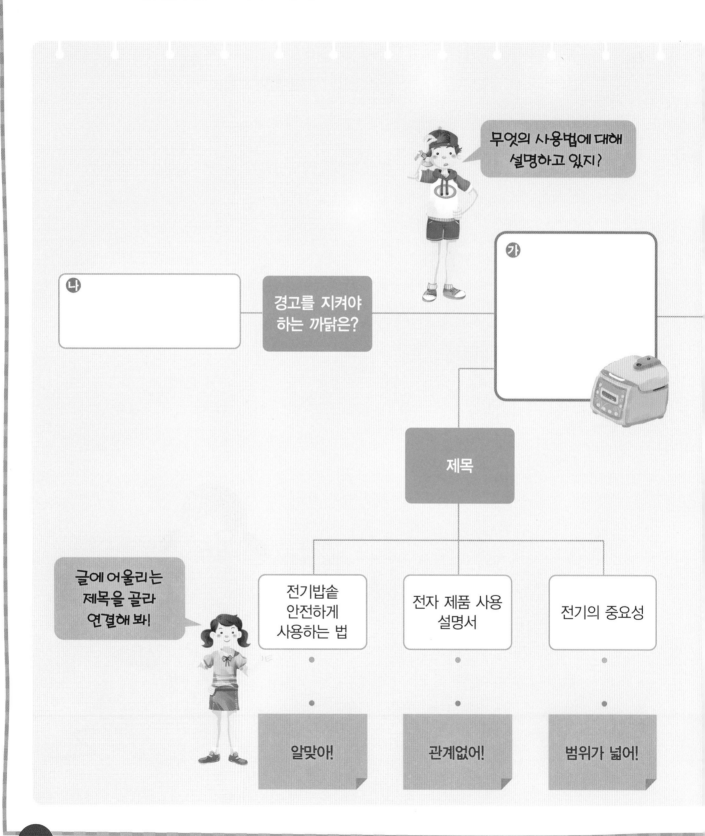

무엇의 사용법에 대해 설명하고 있지?

가

나

경고를 지켜야 하는 까닭은?

제목

글에 어울리는 제목을 골라 연결해 봐!

전기밥솥 안전하게 사용하는 법

전자 제품 사용 설명서

전기의 중요성

알맞아!

관계없어!

범위가 넓어!

보기

① 전기밥솥　　　② 사고나 위험을 미리 막기 위하여　　　③ 함께 사용할 것
④ 밥을 맛있게 하는 방법　　　⑤ 동시에 꽂지 말 것　　　⑥ 뚜껑을 열지 말 것
⑦ 증기 배출구　　　⑧ 밥솥의 여러 가지 기능

경고 사항은?

| 다 | | 에 손이나 얼굴을 가까이 대지 말 것 | ●　● | 화상이나 폭발의 위험이 있으므로 |

통째로 설거지대에 넣지 말 것　　●　●　누전, 감전, 화재의 원인이 되므로

220볼트 전용 콘센트만 사용하고 여러 제품을 라 □　　●　●　발열, 감전의 원인이 되므로

압력 추와 증기 배출구를 막거나 증기 배출구에 물건을 올린 채 사용하지 말 것　　●　●　폭발의 위험, 전기밥솥의 모양이나 색이 변하고, 고장의 원인이 되므로

밥이 끓고 있을 때, 절대로 마 □　　●　●　화상의 위험이 있으므로

1 다음은 전기밥솥을 안전하게 사용하는 방법입니다. 바르지 <u>못한</u> 것을 찾아 ∨표 해 보세요.

전기밥솥 안전 사용법
① 물이 들어간 경우에는 사용을 중지하고 전원 플러그를 꽂은 다음 고객 상담실에 문의해야 한다.
② 반드시 220볼트 전용 콘센트에서만 사용해야 한다.
③ 밥을 지을 때 나오는 증기는 매우 뜨거우므로 주의해야 한다.
④ 밥이 끓고 있을 때 뚜껑을 열어야 할 때에는 취소 버튼을 누른 뒤 압력이 제거되었는지 확인하고 열어야 한다.

2 다음은 앞의 글을 읽은 친구들의 대화입니다. 이 글을 <u>잘못</u> 이해하고 있는 친구는 누구인가요?

① 전기밥솥의 안전하고 올바른 사용법을 설명한 글이야.

② 제품 사용법과 안전을 위한 경고가 담긴 글은 꼼꼼하고 세심하게 잘 읽어 봐야 해.

③ 전기밥솥은 어떠한 사고도 일으키지 않으므로 걱정할 필요가 없어.

④ 평소에 우리가 방심하는 행동들이 큰 사고를 일으킬 수도 있어.

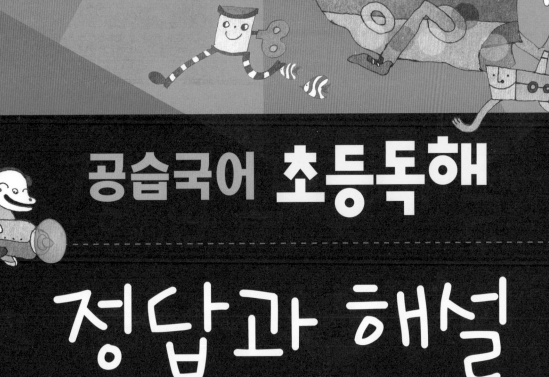

공습국어 초등독해

정답과 해설

3·4학년 심화Ⅲ

주니어김영사

 **글밥지도 그리기**

㉮ ③ 주몽
㉯ ⑤ 유화
㉰ ④ 알
㉱ ① 매우 용감하고 총명했다.
㉲ ⑦ 쫓기다가 큰 강물 앞에 이르렀다.
㉳ ⑧ 고구려

● 제목

창작 동화	고구려를 세운 주몽	나라를 세운 이야기

알맞아!	관계없어!	범위가 넓어!

해설

· **창작 동화** : 글쓴이가 어린이를 위하여 인물과 사건, 배경을 독창적으로 지어 쓴 글을 창작 동화라고 합니다. 이 글은 고구려가 세워진 이야기이므로 창작 동화와는 관계가 없습니다.
· **고구려를 세운 주몽** : 이 글은 고구려를 세운 주몽의 이야기이므로 '고구려를 세운 주몽'이라는 제목이 알맞습니다.
· **나라를 세운 이야기** : 나라를 세운 이야기는 그 수가 매우 많으므로 '나라를 세운 이야기'를 제목으로 하기에는 범위가 넓습니다.

● 순서

첫 번째	두 번째	세 번째	네 번째

알에서 아이가 태어났는데 활을 잘 쏘아 주몽이라 하였다.	금와 왕이 궁궐로 데려온 유화가 커다란 알을 낳았다.	주몽은 남쪽으로 탈출하여 졸본 지역에 고구려를 세웠다.	금와 왕의 아들들이 능력이 뛰어난 주몽을 시샘하여 죽이려 하였다.

 끄덕끄덕 공감하기

1. 오이, 유화, 자라와 물고기, 마리, 협보
2. ④

해설

주몽은 졸본에 이르러 나라를 세우고 나라 이름을 '고구려'라 지었다고 했습니다. '신라'는 이 글 어디에서도 찾아볼 수 없습니다.

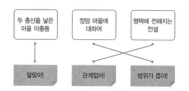 **글밥지도 그리기**

㉮ ④ 이충동
㉯ ③ 두 명의 충신을 낳은 마을
㉰ ⑤ 정암 마을
㉱ ⑧ 조광조와 오달제
㉲ ⑥ 오학사 비

● 제목

두 충신을 낳은 마을 이충동	정암 마을에 대하여	평택에 전해지는 전설

알맞아!	관계없어!	범위가 좁아!

해설

· **두 충신을 낳은 마을 이충동** : 이충동은 정암 조광조와 추담 오달제라는 두 충신을 낳은 곳이라는 뜻에서 붙여진 이름이므로 '두 충신을 낳은 마을 이충동'이 제목으로 알맞습니다.
· **정암 마을에 대하여** : 이충동에는 정암 마을과 추담 마을이 있습니다. '정암 마을에 대하여'라는 제목은 범위가 좁습니다.
· **평택에 전해지는 전설** : 이 글은 마을을 소개하는 글입니다. '평택에 전해지는 전설'은 나와 있지 않으므로 제목과 관계가 없습니다.

● 문단

1문단	2문단	3문단	4문단	5문단

이충동의 뜻과 두 마을 이름	이충동의 위치	이충동의 유적지	읽는 이에게 하고 싶은 말	조광조와 오달제 소개

 요목조목 따져보기

1. 송탄
2. ④

해설

조광조와 오달제는 조선 시대의 인물이지만 같은 시대를 살지 않았습니다. 서로 다투다가 죽었다는 내용은 이 글 어디에서도 찾아볼 수 없습니다.

03회 | 25~28쪽

글밥지도 그리기

04회 | 29~32쪽

글밥지도 그리기

가 ② 마지막 잎새
나 ③ 제목을 보고 호기심이 생겨서
다 ④ 오 헨리
라 ⑤ 화가
마 ⑦ 나뭇잎
바 ⑥ 훌륭한 예술 작품
사 ⑧ 예술가

● 제목

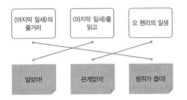

해설
- 〈마지막 잎새〉의 줄거리 : 책을 읽고 감상을 적은 독서 감상문으로 줄거리 외에도 책을 읽게 된 동기, 생각하거나 느낀 점, 깨달은 점, 인상 깊었던 점 등을 포함하고 있습니다. '〈마지막 잎새〉의 줄거리'는 제목으로 하기에 범위가 좁습니다.
- 〈마지막 잎새〉를 읽고 : O. 헨리의 작품인 〈마지막 잎새〉를 읽고 쓴 독서 감상문이므로 '〈마지막 잎새〉를 읽고'가 제목으로 알맞습니다.
- 오 헨리의 일생 : O. 헨리의 작품을 읽고 쓴 독후감이지만 O. 헨리의 일생과는 관계없습니다.

끄덕끄덕 공감하기

1. [예시]
베이먼 할아버지, 정말 멋져요.
베이먼 할아버지는 진정한 예술가예요.

2. ③

해설
베이먼 할아버지는 존시에게 용기를 주기 위해 비바람이 치는 날 아픈 몸을 이끌고 나가 그림을 그린 후 폐렴 때문에 죽었습니다. 글쓴이는 이 점을 높게 평가했습니다.

가 ② 보도블록 공사
나 ④ ○○구청 환경과 담당자
다 ⑦ 우리 집 앞 골목에
라 ⑤ 보도블록 까는 일을
마 ⑧ 시끄러운 소리
바 ⑥ 표지판

● 문단

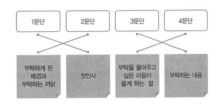

요목조목 따져보기

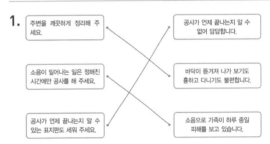

2. ②

해설
글쓴이는 부탁하는 까닭을 분명하게 밝히며 부탁했습니다.

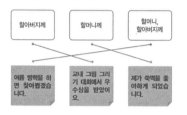 글밥지도 그리기

㉮ ② 편지글
㉯ ④ 할아버지, 할머니
㉰ ⑤ 그동안 안녕하셨어요?
㉱ ⑥ 다시 찾아뵐 때까지 안녕히 계세요.
㉲ ⑧ 현준

● 하고 싶은 말

할아버지께	할머니께	할머니, 할아버지께

여름 방학을 하면 찾아뵙겠습니다.	고내 그림 그리기 대회에서 우수상을 받았어요.	제가 쑥떡을 좋아하게 되었습니다.

 끄덕끄덕 공감하기

1. ① 께
   ② 안녕하세요?(안녕하셨어요?)
   ③ 걸리시지는 않으셨나요?
   ④ 있어요.(있습니다.)
2. ③

해설

할머니께서 만들어 보내 주신 쑥떡을 먹고 쑥떡의 맛을 알게 되어 쑥떡을 좋아하게 되었다고 하였습니다. 할머니께서 쑥떡을 억지로 먹게 했다는 내용은 이 글에서 찾아볼 수 없습니다.

글밥지도 그리기

㉮ ③ 우리 마을
㉯ ① 산에 올라 눈으로 직접 관찰하고 사진을 찍었다.
㉰ ⑤ 둥근 모양
㉱ ⑦ 아이들이 신 나게 노는 모습
㉲ ⑥ 아름다운 집

● 제목

우리 아파트의 가격	우리 마을 관찰	마을 사람들의 모습

일맞애!	관계없어!	범위가 좁아!

해설

• 우리 아파트의 가격 : 이 글 어디에도 아파트의 가격과 관계있는 내용은 나와 있지 않습니다. '우리 아파트의 가격'은 제목과 관계없습니다.
• 우리 마을 관찰 : 이 글은 마을의 모습을 관찰하고 쓴 관찰 기록문입니다. '우리 마을 관찰'이 제목으로 알맞습니다.
• 마을 사람들의 모습 : 마을을 관찰하면서 마을 사람들의 모습도 쓰고 있습니다. 하지만 '마을 사람들의 모습'은 이 글 전체의 제목으로 하기에는 범위가 좁습니다.

● 문단

1문단	2문단	3문단	4문단	5문단

동네 사람들의 모습	관찰 일시, 관찰 대상과 방법	관찰 뒤의 생각이나 느낌	동네의 전체 모습	집과 건물의 모양

 요목조목 따져보기

1. ① 우리 마을 ② 사람들의 모습 ③ 사진기
2. ④

해설

글쓴이는 자기가 살고 있는 마을에 산이 있고 공원이 잘 만들어져 있어서 공기도 좋고 살기도 좋다고 하였습니다.

07회 | 41~44쪽

글밥지도 그리기

㉮ ④ 수락산에 갔던 일
㉯ ③ 맑다가 비
㉰ ⑦ 아이들이 많이 놀고 있는 곳
㉱ ⑧ 깨끗한 곳
㉲ ⑤ 버들치를 잡았다.
㉳ ⑥ 친구들을 사귀지 못한 것

● 제목

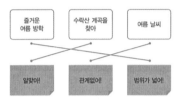

> **해설**
> • **즐거운 여름 방학** : 여름 방학에 있었던 일 가운데 수락산에 다녀온 일을 소재로 쓴 일기입니다. '즐거운 여름 방학'을 제목으로 하기에는 범위가 넓습니다.
> • **수락산 계곡을 찾아** : 수락산 계곡에서 있었던 일을 소재로 쓴 일기이므로 '수락산 계곡을 찾아'가 제목으로 알맞습니다.
> • **여름 날씨** : 여름 방학을 맞이하여 수락산을 찾아갔다는 내용이 있으나 글의 내용이 여름 날씨와는 관계가 없으므로 이 글의 제목과는 관계가 없습니다.

끄덕끄덕 공감하기

1. ① 맴맴
   ② 첨벙첨벙
   ③ 후드득
   ④ 흥얼흥얼
2. ②

> **해설**
> 글쓴이는 이모 때문에 친구를 사귀지 못한 것은 서운했지만 이모 덕분에 깨끗한 물에 발을 담그고 맑은 산 냄새를 맡으며 쉴 수 있어서 참 좋았다고 하였습니다.

08회 | 45~48쪽

글밥지도 그리기

㉮ ④ 3 · 6 · 9 게임
㉯ ⑥ 3~6명 정도로 모둠을 나누어 앉는다.
㉰ ⑦ 말을 하지 않고 손뼉을 친다.
㉱ ⑧ 두뇌 훈련이 된다.
㉲ ③ 3의 배수에 해당하는 숫자
㉳ ② 팔꿈치나 발

● 문단

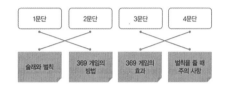

요목조목 따져보기

1. ① 한 사람씩 돌아가면서
   ② 말을 하지 않고
   ③ 친구들과 친해지는
2. ④

> **해설**
> 이 게임을 잘하려면 낱말이 아니라 3의 배수를 알아야 합니다.

09회 | 49~52쪽

글밥지도 그리기

가 ② 연극
나 ⑤ 크리스마스 이브
다 ④ 스크루지, 조카, 보브
라 ③ 스크루지
마 ⑧ 행동 지시

● 제목

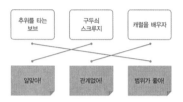

> **해설**
>
> • **추위를 타는 보브** : 보브가 추위를 타는 장면은 이야기의 한 장면이기 때문에 제목으로 하기에 범위가 좁습니다.
> • **구두쇠 스크루지** : 이 제목은 스크루지의 성격을 잘 나타내 주고 있습니다. 스크루지에 대해 표현한 '구두쇠 스크루지'가 제목으로 가장 알맞습니다.
> • **캐럴을 배우자** : '크리스마스 캐럴이 상쾌하게 흐르다 멈춘다.'는 지문이 나오지만 캐럴을 배우자는 내용은 없으므로 제목과는 관계없습니다.

● 대사와 성격

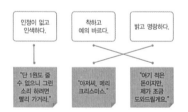

끄덕끄덕 공감하기

1. ① 인상을 쓰며 ② 귀찮은 목소리로
2. ④

> **해설**
>
> 스크루지의 지문을 살펴보면 '험상궂은 얼굴로, 못마땅한 목소리로, 퉁명스러운 목소리로' 등의 지시문을 볼 수 있습니다. 상냥하고 부드러운 목소리는 스크루지의 목소리로 어울리지 않습니다.

10회 | 53~56쪽

글밥지도 그리기

가 ③ 종이 책
나 ② 모든 종이는 죽었다.
다 ⑤ 업데이트
라 ⑦ 망가지거나 사라질 걱정
마 ⑧ 부피가 커서 보관하기 어렵고
바 ④ 종이 책은 사라질 것이다.

● 제목

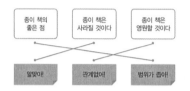

> **해설**
>
> • **종이 책의 좋은 점** : 종이 책은 사라질 것이라는 주장을 하면서 종이 책의 좋은 점을 말하였으므로 '종이 책의 좋은 점'은 제목으로 범위가 좁습니다.
> • **종이 책은 사라질 것이다** : 종이 책의 나쁜 점을 말하고 전자책의 좋은 점을 제시하면서 종이 책은 사라질 것이라고 주장하고 있으므로 '종이 책은 사라질 것이다'는 제목으로 알맞습니다.
> • **종이 책은 영원할 것이다** : 종이 책은 전자책의 등장으로 사라질 것이라고 주장하고 있으므로 '종이 책은 영원할 것이다'라는 제목은 이 글의 제목과 관계없습니다.

● 문단

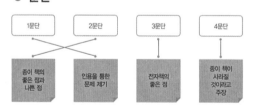

요목조목 따져보기

1. ①, ②, ④
2. ②

> **해설**
>
> 주장의 설득력을 얻기 위해서 종이 책의 나쁜 점 외에 종이 책의 좋은 점에 대해서도 말하고 있습니다.

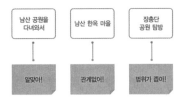 **글밥지도 그리기**

㉮ ③ 남산 공원
㉯ ② 서울의 유적지 탐방
㉰ ④ 가슴이 두근거렸다.
㉱ ⑦ 봉수대
㉲ ⑤ 낭만적으로 느껴졌다.

● **제목**

남산 공원을 다녀와서	남산 한옥 마을	장충단 공원 탐방
알맞아!	관계없어!	범위가 좁아!

> **해설**
> • **남산 공원을 다녀와서** : 남산 공원을 다녀와서 쓴 견학 기록문이므로 '남산 공원을 다녀와서'가 제목으로 알맞습니다.
> • **남산 한옥 마을** : 남산 한옥 마을은 드러나지 않았으므로 '남산 한옥 마을'은 제목과 전혀 관계없습니다.
> • **장충단 공원 탐방** : 남산 공원의 일부인 장충단 공원은 견학한 곳 가운데 하나이므로 '장충단 공원 탐방'은 제목으로 범위가 좁습니다.

● **간 곳과 본 것**

장충단 공원	남산 산책로	남산 정상	N타워
소나무와 아까시 나무	장충단 비	사랑의 자물쇠	무술 공연과 봉수대

 요목조목 따져보기

1. ②, ④
2. ④

> **해설**
> 글쓴이는 수원에서 출발하여 동대 입구 역에 도착, 남산 공원을 견학하였습니다.

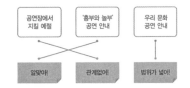 **글밥지도 그리기**

㉮ ③ 흥부와 놀부
㉯ ② ○○○ 극장
㉰ ⑥ 우리 고유의 음악과 감정
㉱ ⑦ 탈춤을 더하여 체험을 이끌어 내는
㉲ ⑧ 120석 규모의 작은 소극장

● **제목**

공연장에서 지킬 예절	'흥부와 놀부' 공연 안내	우리 문화 공연 안내
알맞아!	관계없어!	범위가 넓어!

> **해설**
> • **공연장에서 지킬 예절** : 어린이 놀이마당 '흥부와 놀부' 공연 시간, 공연 장소, 공연 날짜, 관람료 등을 안내하고 있습니다. 공연장에서 지킬 예절에 대한 말은 나와 있지 않으므로 '공연장에서 지킬 예절'은 제목과 관계없습니다.
> • **'흥부와 놀부' 공연 안내** : 어린이 놀이마당 '흥부와 놀부' 공연 시간, 공연 장소, 공연 날짜, 관람료 등을 안내하고 있는 안내문입니다. '흥부와 놀부' 공연 안내'가 제목으로 알맞습니다.
> • **우리 문화 공연 안내** : 어린이 놀이마당 '흥부와 놀부'는 우리 고유의 음악과 감정을 전달하고, 탈춤을 더한 공연이라고 하였습니다. 그러나 우리 문화에는 판소리, 민요, 궁중 음악 등 다양한 갈래가 있기 때문에 '우리 문화 공연 안내'를 제목으로 하기에는 범위가 넓습니다.

● **문단**

1문단	2문단	3문단
'흥부와 놀부'의 줄거리	○○○ 극장 안내	'흥부와 놀부'의 공연 내용

 요목조목 따져보기

1. ① 흥부와 놀부 ② 6,000원 ③ 02-○○○-1234
2. ④

> **해설**
> 어린이 놀이마당 '흥부와 놀부'라고 한 것으로 보아 어린이들을 위한 국악 놀이 공연을 안내하는 글입니다.

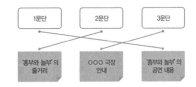

13회 | 65~68쪽

글밥지도 그리기

㉮ ② 병아리
㉯ ③ 윤동주
㉰ ⑦ 3연 10행
㉱ ⑤ 오냐 좀 기다려.
㉲ ⑥ 꺽, 꺽, 꺽
㉳ ① 소리

● 각 연의 중요한 말

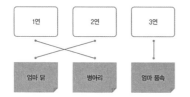

1연	2연	3연
엄마 닭	병아리	엄마 품속

끄덕끄덕 공감하기

1. 징그럽다.
2. ①

> **해설**
> 시에서 닭과 병아리를 마치 사람처럼 표현하는 것을 '의인법'이라고 합
> 니다. 과장해서 표현했다는 것은 올바른 이해가 아닙니다.

14회 | 64~72쪽

글밥지도 그리기

㉮ ③ 즐거운 우리집
㉯ ⑤ 좋은 시
㉰ ① 어머니의 생신을 축하해요
㉱ ⑧ 우리 가족이
㉲ ⑥ 거실에서
㉳ ⑦ 어머니의 생신을 축하하기 위하여

● 행사 기사의 내용

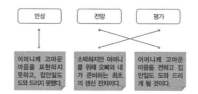

반성	전망	평가
어머니께 고마운 마음을 표현하지 못하고, 집안일도 도와 드리지 못했다.	소박하지만 어머니를 위해 오빠와 내가 준비하는 최초의 생신 잔치이다.	어머니께 고마운 마음을 전하고 집안일도 도와 드리게 될 것이다.

요목조목 따져보기

1. 생신 잔치를 직접 준비한 이유가 무엇인가요?
2. ④

> **해설**
> 가족 신문의 이름은 신문 위쪽에 '즐거운 우리집'이라고 쓰여 있습니다.

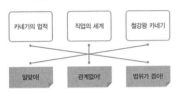

㉮ ③ 카네기
㉯ ⑤ 1919년 메사추세츠
㉰ ① 철강 공장
㉱ ⑧ 공공 도서관과 카네기 공과 대학
㉲ ⑦ 문화 발전

● 제목

| 카네기의 업적 | 직업의 세계 | 철강왕 카네기 |

| 잘맞애! | 관계없어! | 범위가 좁아! |

해설
- **카네기의 업적** : 카네기의 출생과 사망, 업적과 평가 등을 포함할 수 있는 제목이어야 합니다. '카네기의 업적'은 범위가 좁습니다.
- **직업의 세계** : 카네기가 여러 가지 직업을 가졌다는 이야기가 나오지만 직업의 세계를 이야기하고 있는 것이 아니므로 제목과 관계없습니다.
- **철강왕 카네기** : 철강 회사를 차려 성공하여 철강왕이 되었으므로 '철강왕 카네기'가 제목으로 알맞습니다.

● 순서

| 첫 번째 | 두 번째 | 세 번째 | 네 번째 | 다섯 번째 |

| 돈을 벌기 위해 미국의 피츠버그로 갔어요. | 은퇴 후 자선 사업에 온힘을 쏟았어요. | 스코틀랜드에서 1835년에 태어났어요. | 메사추세츠에서 1919년에 숨을 거두었어요. | '철강왕'이라는 별명을 얻으며 많은 돈을 벌었어요. |

 끄덕끄덕 공감하기

1. [예시]
   기부왕, 기부의 아버지
2. ④

해설
카네기는 철강 사업으로 큰돈을 벌었습니다. 면직물 공장에 취직해서 일한 적이 있지만 직물 공장으로 큰돈을 벌었다는 말은 나와 있지 않습니다.

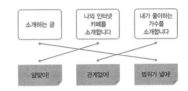

㉮ ④ 나의 인터넷 카페
㉯ ① mini-○○○○
㉰ ② 친구나 가족들
㉱ ⑥ 나의 하루
㉲ ⑦ 카페지기가 가장 좋아하는 가수는?
㉳ ⑤ 글 읽기

● 제목

| 소개하는 글 | 나의 인터넷 카페를 소개합니다 | 내가 좋아하는 가수를 소개합니다 |

| 잘맞애! | 관계없어! | 범위가 넓어! |

해설
- **소개하는 글** : 이 글의 종류는 소개하는 글이지만 무엇을 소개하는지를 구체적으로 밝히지 않은 제목이므로 범위가 넓습니다.
- **나의 인터넷 카페를 소개합니다** : 메뉴와 회원의 권리 등 자신의 인터넷 카페에 대해 쓴 소개하는 글이므로 '나의 인터넷 카페를 소개합니다'가 제목으로 알맞습니다.
- **내가 좋아하는 가수를 소개합니다** : '카페지기가 가장 좋아하는 가수는?'이란 질문은 카페에 가입할 때 대답해야 하는 질문일 뿐입니다. 가수를 소개하는 내용은 없으므로 이 글의 제목과 관계없습니다.

● 문단

| 1문단 | 2문단 | 3문단 | 4문단 |

| 회원의 조건과 권리 | 카페 이름과 주소 | 카페를 만든 까닭과 메뉴 | 회원 수와 회원 가입을 권하는 말 |

 요목조목 따져보기

1. ① ㉃ ② ㉠ ③ ㉹ ④ ㉵
2. ④

해설
회원 가입을 해야 카페지기가 쓴 글을 모두 볼 수 있습니다.

글밥지도 그리기

㉮ ⑤ 부채
㉯ ① 어느 마을
㉰ ⑥ 코가 길어진다.
㉱ ⑦ 코가 줄어든다.
㉲ ③ 겁이 많고 어리석다.
㉳ ② 호기심이 많다.

● 제목

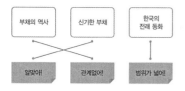

> **해설**
> ・**부채의 역사** : 이 글은 중심 소재가 부채인 전래 동화입니다. '부채의 역사'와는 관계가 없습니다.
> ・**신기한 부채** : 이 이야기의 중심 소재인 빨간 부채는 코가 길어지게 하고, 파란 부채는 코가 줄어들게 하는 신기한 부채입니다. '신기한 부채'가 제목으로 알맞습니다.
> ・**한국의 전래 동화** : 한국의 전래 동화에는 이 이야기 외에도 많기 때문에 '한국의 전래 동화'는 제목으로 하기에 범위가 넓습니다.

● 순서

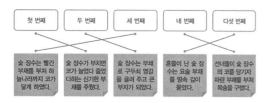

끄덕끄덕 공감하기

1. ① 부채야, 고맙다. 네 덕에 좋은 집도 생기고 좋은 옷도 입게 되었구나!
   ② 부채, 너 때문에 내가 크게 다칠 뻔했지 뭐냐. 이 나쁜 것!

2. ②

> **해설**
> 숯 장수가 구두쇠 영감의 코를 줄어들게 한 것은 구두쇠 영감의 재산이 탐나서이지 인정이 많아서가 아닙니다.

글밥지도 그리기

㉮ ③ 선유도 공원
㉯ ① 그동안 공부한 식물을 직접 눈으로 보기 위해
㉰ ② 조금 흥분되었다.
㉱ ④ 숲 해설가 선생님과 모둠 친구들
㉲ ⑤ 신선이 노닌 섬
㉳ ⑥ 한강의 생태와 역사

● 제목

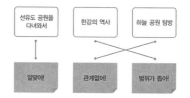

> **해설**
> ・**선유도 공원을 다녀와서** : 이 글은 선유도 공원에서 보고 듣고 느낀 것 등을 쓴 견학 기록문입니다. '선유도 공원을 다녀와서'가 제목으로 알맞습니다.
> ・**한강의 역사** : 한강 전시관에서 한강의 역사를 볼 수 있지만 이 글의 일부분에 지나지 않습니다. '한강의 역사'를 제목으로 하기에는 범위가 좁습니다.
> ・**하늘 공원 탐방** : 하늘 공원은 월드컵 경기장 옆에 있는 공원으로 선유도 공원과는 전혀 다른 곳입니다. 이 글의 제목과 관계없습니다.

● 간 곳과 본 것

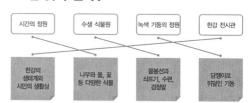

요목조목 따져보기

1. [예시]
   물풀의 정원

2. ③

> **해설**
> 선유도 공원은 옛 정수장 시설을 활용하여 만든 생태 환경 공원이지 정수장이 아닙니다. 정수장 시설을 알아보기 위해 선유도 공원에 갔다는 것은 이 글을 잘못 이해한 것입니다.

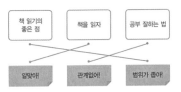 **글밥지도 그리기**

가 ③ 책 읽기
나 ① 안중근
다 ⑦ 폭넓고 깊이 있는 삶
라 ⑥ 지식과 정보
마 ④ 책을 많이 읽자.

● 제목

책 읽기의 좋은 점	책을 읽자	공부 잘하는 법

알맞애!	관계없어!	범위가 좁아!

해설
- **책 읽기의 좋은 점** : '책을 읽자' 는 것이 이 글의 핵심 주장이므로 '책 읽기의 좋은 점' 은 제목으로 범위가 좁습니다.
- **책을 읽자** : 요즈음 책을 읽지 않는 현상을 들어 문제를 제기한 뒤 책 읽기의 좋은 점을 근거로 책을 읽자고 주장하는 글입니다. 주장하는 글의 제목은 글쓴이의 주장이 드러나야 하므로 '책을 읽자' 가 제목으로 알맞습니다.
- **공부 잘하는 법** : 이 글은 책 읽기의 중요성과 좋은 점을 언급한 뒤 책을 읽자고 주장하고 있습니다. 공부 잘하는 법에 대한 내용은 들어 있지 않으므로 제목과 관계없습니다.

● 문단

1문단	2문단	3문단

책 읽기의 좋은 점	책 읽기의 중요성	책을 많이 읽을 것을 주장

 요목조목 따져보기

1. ①, ②, ④
2. ③

해설
인터넷이나 텔레비전으로 정보를 얻을 수 있지만 이 글에서는 책의 중요성과 좋은 점을 들어 책을 읽을 것을 주장하고 있습니다.

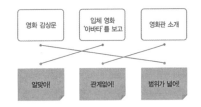 **글밥지도 그리기**

가 ① 아바타
나 ④ 누나가 꼭 보라고 추천해서
다 ③ 제이크
라 ⑥ 지구의 에너지를 모두 사용해서
마 ② 산들이 공중에 둥둥 떠서 계속 움직이는 장면
바 ⑦ 입체 영화
사 ⑧ 화면이 입체적으로 보인다.

● 제목

영화 감상문	입체 영화 '아바타' 를 보고	영화관 소개

알맞아!	관계없어!	범위가 넓어!

해설
- **영화 감상문** : 어떤 영화를 보았는지가 드러나 있지 않으므로 제목으로 하기에는 범위가 넓습니다.
- **입체 영화 '아바타'를 보고** : 이 글은 영화 감상문입니다. 어떤 영화를 보고 쓴 것인지가 드러나므로 제목으로 알맞습니다.
- **영화관 소개** : 영화관을 소개하는 글이 아니므로 제목과는 관계없습니다.

끄덕끄덕 공감하기

1. 지루하다.
2. ③

해설
지구인이 아바타를 이용해서 판도라에 들어가지만 '나비족' 이 승리합니다.

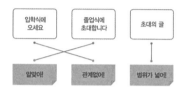 글밥지도 그리기

가 ⑤ 졸업식
나 ④ ○○초등학교 어린이 일동
다 ② ○○초등학교 강당
라 ⑧ 졸업식으로 인사드린다고 합니다.
마 ⑦ 앞날을 축복하기 위하여

● 제목

```
입학식에      졸업식에      초대의 글
오세요       초대합니다

알맞아!      관계없어!      범위가 넓어!
```

해설
- **입학식에 오세요** : 이 글의 종류는 초대하는 글이지만 입학식에 초대하는 글이 아니므로 제목과 관계없습니다.
- **졸업식에 초대합니다** : 졸업식에 초대하는 글이므로 '졸업식에 초대합니다'가 제목으로 알맞습니다.
- **초대의 글** : 초대하는 글이지만 무슨 일로 초대하는지가 드러나지 않았습니다. 제목으로 하기에는 범위가 넓습니다.

● 구성

```
처음        가운데        끝

초대하는 말과   쓴 날짜와     받는 사람과
까닭, 때와 곳   쓴 사람       첫인사
```

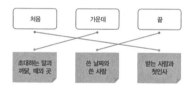 요목조목 따져보기

1. ① 첫인사
② 곳
③ 쓴 날짜

2. ③

해설
글 맨 끝에 추가 사항으로 ○○초등학교를 찾아오는 방법이 안내되어 있습니다.

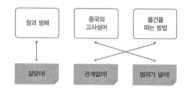 글밥지도 그리기

가 ⑤ 창과 방패
나 ③ 중국의 춘추 전국 시대
다 ⑧ 강하고 단단해서
라 ⑦ 강하고 예리해서
마 ⑥ 앞뒤가 맞지 않는다.

● 제목

```
창과 방패      중국의        물건을
              고사성어       파는 방법

알맞아!      관계없어!      범위가 넓어!
```

해설
- **창과 방패** : 어떤 방패라도 뚫을 수 있는 창과 어떤 창도 막을 수 있는 방패라는 상인의 말에서 유래한 '모순'이란 고사성어에 대한 이야기입니다. '창과 방패'가 제목으로 알맞습니다.
- **중국의 고사 성어** : 중국의 고사성어는 매우 많습니다. 어떤 고사성어인지가 구체적으로 드러나게 제목을 써야 하므로 '중국의 고사성어'는 범위가 넓습니다.
- **물건을 파는 방법** : 이 이야기에서 상인이 창과 방패를 팔고 있지만 물건을 파는 방법에 대해 쓴 글이 아니므로 제목과 관계없습니다.

● 순서

```
첫 번째      두 번째      세 번째      네 번째

상인은 어떤 방   춘추 전국 시대   상인은 쩔쩔매   구경하던 사람
패라도 뚫을 수   에 창과 방패를   며 아무 대답도   이 창으로 방패
있는 창과 어떤   파는 상인이 있    하지 못했다.    를 찌르면 어떻
창도 막을 수 있   었다.                        게 되냐고 물었
는 방패를 사라                              다.
고 소리쳤다.
```

끄덕끄덕 공감하기

1. [예시]
① 나무로 만든
② 이웃 나라

2. ①

해설
춘추 전국 시대에 어떤 상인이 자신의 창과 방패를 팔기 위해 논리에 맞지 않는 말을 한 것입니다. 실제로 그러한 창과 방패가 있었다는 것은 사실이 아닙니다.

23회 | 105~108쪽

글밥지도 그리기

⑦ ③ 고운이표 로션
⑭ ② 하얗고 투명한 피부로 귀엽고 사랑스럽게
⑭ ④ 고운이표
⑭ ⑧ 들꽃
⑭ ⑥ 끈적임
⑭ ⑦ 바르는 순간부터 눈처럼 하얀 얼굴로 바뀝니다.

요목조목 따져보기

1. ① 사 ② 의 ③ 사 ④ 의
2. ①

> **해설**
> 이 광고문은 어린이용 연고가 아니라 어린이용 로션을 판매하기 위한
> 광고입니다.

24회 | 109~112쪽

글밥지도 그리기

⑦ ⑥ 집 보기
⑭ ② 9행
⑭ ④ 또당
⑭ ⑧ 골무
⑭ ⑤ 우리
⑭ ③ 밀러

● 제목

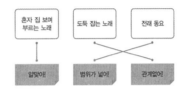

> **해설**
> • **혼자 집 보며 부르는 노래** : 엄마, 아빠, 오빠, 언니가 모두 나가고
>   혼자 남아서 개와 집을 본다는 내용이 있으므로 '혼자 집 보며 부르
>   는 노래'가 제목으로 알맞습니다.
> • **도둑 잡는 노래** : 골무를 도둑맞았다고 했지만 도둑을 잡는 법에 대
>   한 내용은 전혀 없으므로 제목과 관계없습니다.
> • **전래 동요** : 많은 전래 동요 가운데 어떤 노래인지를 구체적으로 밝
>   혀 써야 합니다. '전래 동요'는 제목으로 하기에 범위가 너무 넓습니
>   다.

● 간 곳

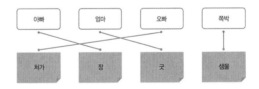

끄덕끄덕 공감하기

1. [예시]
　우리 아빠 (등산) 가고
　우리 엄마 (교회) 가고
　우리 오빠 (학원) 가고
　우리 언니 (소풍) 가고
2. ②

> **해설**
> 제시문에는 집에서 혼자 바느질하는 엄마의 모습이 나타나 있지 않습
> 니다.

글밥지도 그리기

㉮ ④ 장수풍뎅이
㉯ ③ 30~55밀리미터의 타원형
㉰ ① 짧고 뾰족한 가시 모양
㉱ ⑥ 잎이 넓은 큰 나무
㉲ ⑤ 나무 즙이나 과일즙

● 성장 순서

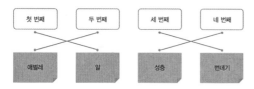

● 문단

 요목조목 따져보기

1. ① 수 ② 암 ③ 암 ④ 수 ⑤ 암
2. ④

> **해설**
> 장수풍뎅이는 졸참나무, 상수리나무의 나무 즙이나 과일즙을 먹는다고
> 하였습니다.

 글밥지도 그리기

㉮ ④ 고갱
㉯ ② 1848년 프랑스 파리
㉰ ① 화가
㉱ ⑤ 상상과 경험을 종합
㉲ ⑧ 종합주의
㉳ ⑦ 피카소, 뭉크

● 제목

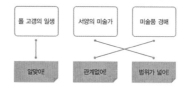

> **해설**
> • **폴 고갱의 일생** : 폴 고갱의 출생에서 업적, 사망까지 일생에 대해
>   쓴 전기문입니다. '폴 고갱의 일생'이 제목으로 알맞습니다.
> • **서양의 미술가** : 서양의 미술가에는 피카소, 뭉크 등 수많은 미술가
>   가 있습니다. 누구의 일생을 쓴 것인지 밝혀 쓰지 않아 제목으로 하
>   기에는 범위가 넓습니다.
> • **미술품 경매** : 고갱의 작품들이 나열되어 있지만 미술품 경매와는 관
>   계없습니다.

끄덕끄덕 공감하기

1. 기쁘다.
2. ②

> **해설**
> 고갱이 피카소, 뭉크 등에게 영향을 받은 것이 아니라 고갱이 많은 영
> 향을 주었습니다.

27회 | 121~124쪽

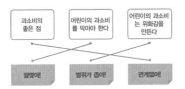

카 ③ 어린이 과소비
나 ⑦ 홍콩의 선박왕 '바오위강'
다 ⑥ 어른을 따라 하려는 마음
라 ① 위화감
마 ④ 어린이 과소비를 막아야 한다.

● 제목

과소비의 좋은 점	어린이의 과소비를 막아야 한다	어린이의 과소비는 위화감을 만든다

| 알맞아요 | 범위가 좁아요 | 관계없어요 |

해설
• **과소비의 좋은 점** : 과소비를 막아야 한다고 주장하는 글입니다. '과소비의 좋은 점'은 제목과 관계없습니다.
• **어린이 과소비를 막아야 한다** : 어린이 과소비를 막아야 하는 까닭을 알맞게 제시하여 쓴 주장하는 글입니다. 제목으로 알맞습니다.
• **어린이 과소비는 위화감을 만든다** : 과소비를 막아야 한다는 주장을 하기 위해 제시한 까닭 가운데 하나이므로 제목으로 하기에는 범위가 좁습니다.

● 문단

1문단	2~3문단	4문단

| 어린이의 과소비를 막아야 하는 까닭 제시 | 어린이의 과소비 행태와 문제 제기 | 마무리와 주장의 확인 |

1. ①, ②, ④
2. ②

해설
어린이들의 과소비를 막아야 한다고 주장하고 있습니다.

28회 | 125~128쪽

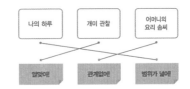

카 ④ 개미
나 ⑤ 왕새우 구이를 먹었다.
다 ⑥ 소독을 못 했기 때문에
라 ① 먹이를 어떻게 옮길까?
마 ⑦ 개미가 먹이를 나르는 모습

● 제목

나의 하루	개미 관찰	어머니의 요리 솜씨

| 알맞아요 | 관계없어요 | 범위가 넓어요 |

해설
• **나의 하루** : 일기의 내용이 드러나지 않아 제목으로 하기에는 범위가 넓습니다.
• **개미 관찰** : 제시문은 나의 하루 중에서 개미를 관찰한 일과 느낌을 적은 일기입니다. '개미 관찰'이 제목으로 알맞습니다.
• **어머니의 요리 솜씨** : 이 글과 어머니의 요리 솜씨는 관계없습니다.

끄덕끄덕 공감하기

1. [예시]
개미를 실제로 보니 정말 놀랍다.
개미의 움직임이 신기하다.

2. ③

해설
글쓴이는 개미를 못 살게 구는 행동을 하지 않고 개미를 지켜보며 관찰하였습니다. 곤충을 싫어한다고 말할 수 없습니다.

정답과 해설 **15**

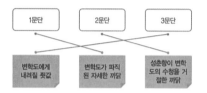 **글밥지도 그리기**

가 ⑦ 기사문
나 ② 탐관오리 변학도 파직
다 ③ 가혹한 세금에 근무 시간에 잔치 벌여
라 ① 이몽룡 어사가
마 ⑥ 전라도 남원에서
바 ④ 백성들의 재물을 빼앗았기 때문에
사 ⑤ 향단이

● **내용**

1문단	2문단	3문단

변학도에게 내려질 죗값	변학도가 파직된 자세한 까닭	성춘향이 변학도의 수청을 거절한 까닭

 요목조목 따져보기

1. [예시]
백성들에게 무리하게 세금을 거두어들이고, 잔치를 벌여 세금을 낭비하였으므로 파직과 함께 징역 10년에 처하노라.

2. ③

> **해설**
> 변학도가 남원 백성들에게 잔치를 자주 베풀어 준 것이 아니라 세금을 무리하게 거두어들이고 기생들과 잔치를 벌이는 등 세금을 낭비했습니다.

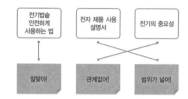 **글밥지도 그리기**

가 ① 전기밥솥   **나** ② 사고나 위험을 미리 막기 위하여
다 ⑦ 증기 배출구   **라** ⑤ 동시에 꽂지 말 것
마 ⑥ 뚜껑을 열지 말 것

● **제목**

전기밥솥 안전하게 사용하는 법	전자 제품 사용 설명서	전기의 중요성

딱맞아!	관계없어!	범위가 넓어!

> **해설**
> • **전기밥솥 안전하게 사용하는 법** : 전기밥솥을 사용할 때의 위험 사항을 경고하고 안전하게 사용할 수 있도록 하기 위해 쓴 글입니다. 그러므로 제목으로 알맞습니다.
> • **전자 제품 사용 설명서** : 전자 제품에는 많은 제품이 있으므로 '전자 제품 사용 설명서'는 제목으로 하기에 범위가 넓습니다.
> • **전기의 중요성** : '전기의 중요성'에 대한 내용이 없으므로 제목과 관계가 없습니다.

● **경고 사항은?**

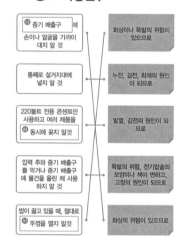

경고 사항	이유
다 증기 배출구 에 손이나 얼굴을 가까이 대지 말 것	화상이나 폭발의 위험이 있으므로
통째로 설거지대에 넣지 말 것	누전, 감전, 화재의 원인이 되므로
220볼트 전용 콘센트만 사용하고 여러 제품을 **라** 동시에 꽂지 말것	발열, 감전의 원인이 되므로
압력 추와 증기 배출구를 막거나 증기 배출구에 물건을 올린 채 사용하지 말 것	폭발의 위험, 전기밥솥의 모양이나 색이 변하고, 고장의 원인이 되므로
밥이 끓고 있을 때, 절대로 **마** 뚜껑을 열지 말것	화상의 위험이 있으므로

 요목조목 따져보기

1. ①   **2.** ③

> **해설**
> 전기밥솥을 잘못 사용하면 큰 사고가 일어날 수 있으므로 안전하게 사용하는 법을 자세하게 알고 지켜야 합니다.